現場の疑問に答える
会計シリーズ❺

Q&A 退職給付の会計実務

EY新日本有限責任監査法人 [編]

中央経済社

発刊にあたって

　日本企業を取り巻く経済情勢は，グローバル化のさらなる進展とともに，各国間の貿易問題，人口減少等のさまざまな問題が発生し，難しいかじ取りが必要な時代となっています。

　一方，企業会計の分野においては，国際会計基準（IFRS）の任意適用企業が2019年6月現在で180社を超えるなど，会計の国際化が進展しています。日本の会計基準においても「収益認識に関する会計基準」が企業会計基準委員会より2018年3月に公表され，2021年4月1日以降開始する事業年度より全面適用されることになるなど，国際会計基準および米国会計基準とのコンバージェンスが進んでいます。

　このような中，EY新日本有限責任監査法人は，「現場の疑問に答える会計シリーズ」を刊行することとしました。本シリーズは棚卸資産，固定資産，金融商品，研究開発費・ソフトウェア，退職給付，税効果，純資産，組織再編等の各テーマにおける会計論点を全編Q&A形式で解説し，基本的な論点から最新の会計論点，実務で問題となる事項までわかりやすく説明しております。また，各巻に巻末付録として「IFRSとの差異一覧」と「Keyword」を設けて読者の皆様の便宜に供しております。

　本「現場の疑問に答える会計シリーズ」はEY新日本有限責任監査法人の監査現場の経験が豊富な公認会計士が執筆しております。本シリーズが各企業の経理担当者の方々，また，広く企業会計を学ぼうとしている方々のお役に立つことを願っております。

2019年7月

EY新日本有限責任監査法人

理事長　片倉　正美

はじめに

　会計ビッグバンの一環として退職給付会計が導入されて以来，経済環境をはじめ時代は激変し，落ち着く間もありません。次の大きな変化として，新収益認識基準の強制適用時期が近づき，KAM（Key Audit Matters）も導入されようとしています。

　退職給付会計そのものも，たび重なる改訂を経て複雑さを増しています。本書では，退職給付会計の論点を網羅的に取り上げたうえで，ポイントを絞った解説とし，わかりやすさに重点を置き，図や表を多く盛り込み基礎的な内容から説明しています。

　さらに，マイナス金利やリスク分担型企業年金についても盛り込み，また，注記関連の解説を体系的に行っているのが特徴となっています。

　いずれの内容も実務に役立つ内容であり，皆様の退職給付会計の理解の手助けとなれば幸いです。

2019年7月

EY新日本有限責任監査法人

執筆者一同

目　次

序　章 Q&Aに入る前に

Q序-1	退職給付会計の全体像 ………………………………… *2*
Q序-2	退職給付会計のイメージ（連結）…………………… *4*
Q序-3	退職給付会計のイメージ（個別）…………………… *5*

第1章 退職給付制度を理解する

Q1-1	退職給付会計の対象となる退職給付と退職給付制度の種類 ……………………………………………………… *10*
Q1-2	企業年金制度 …………………………………………… *11*
Q1-3	確定拠出制度と確定給付制度 ………………………… *14*
Q1-4	リスク分担型企業年金制度 …………………………… *15*
Q1-5	厚生年金基金の原則廃止 ……………………………… *17*
Q1-6	退職一時金と企業年金 ………………………………… *18*
Q1-7	公的年金 ………………………………………………… *19*
Q1-8	複数事業主制度 ………………………………………… *19*
Q1-9	退職給付額の算定式 …………………………………… *21*

第2章 退職給付債務の計算方法を理解する

Q2-1	退職給付会計における計算基礎①　計算基礎とは …… *24*
Q2-2	退職給付会計における計算基礎②　計算基礎の種類 ………………………………………………………………… *25*

Q2-3	退職給付会計における計算基礎③　設定上の取扱い	
	…………………………………………………………………	*27*
Q2-4	退職給付会計における計算基礎④　計算基礎の見直	
	し …………………………………………………………………	*29*
Q2-5	割引率①　設定にあたって利用する債券の種類と支	
	払見込期間 ………………………………………………………	*30*
Q2-6	割引率②　設定方法 ……………………………………………	*31*
Q2-7	割引率③　格付けの選択 ………………………………………	*34*
Q2-8	割引率④　退職給付債務とマイナス金利 …………………	*35*
Q2-9	割引率⑤　合理的補正 …………………………………………	*36*
Q2-10	退職給付見込額の期間帰属 …………………………………	*38*
Q2-11	貸借対照表日前のデータ利用 ………………………………	*39*
Q2-12	退職給付債務の自社計算 ……………………………………	*41*
Q2-13	退職給付債務計算の外部委託 ………………………………	*43*

第3章　退職給付会計の基本的な処理を理解する

Q3-1	退職給付会計の仕組み ………………………………………	*46*
Q3-2	退職給付会計における連結と個別の違い …………………	*48*
Q3-3	退職給付費用の項目 ……………………………………………	*51*
Q3-4	退職給付債務と年金資産 ……………………………………	*53*
Q3-5	退職給付会計における連結決算 ……………………………	*55*
Q3-6	連結会社間における会計方針の統一 ………………………	*58*
Q3-7	数理計算上の差異の取扱い（連結，個別）………………	*60*
Q3-8	過去勤務費用の取扱い（連結，個別）……………………	*63*
Q3-9	未認識数理計算上の差異と未認識過去勤務費用の費	
	用処理年数の変更 ……………………………………………	*66*
Q3-10	期待運用収益の計算方法と数理計算上の差異 …………	*69*
Q3-11	長期期待運用収益率 …………………………………………	*71*

目　次　　*iii*

第 4 章　退職給付会計の個別論点を理解する

Q4-1　退職給付信託 ………………………………………………… *78*

Q4-2　関係会社株式の退職給付信託への拠出 ………………… *81*

Q4-3　年金資産（退職給付信託財産など）の返還 …………… *83*

Q4-4　退職給付制度を終了した場合の会計処理 ……………… *86*

Q4-5　退職給付制度間の移行等 ………………………………… *89*

Q4-6　確定拠出制度の会計処理 ………………………………… *92*

Q4-7　リスク分担型企業年金の会計処理 …………………… *94*

Q4-8　大量退職 ……………………………………………………… *97*

Q4-9　代行返上の取扱い ……………………………………… *100*

Q4-10　退職金前払制度 ………………………………………… *104*

Q4-11　厚生年金基金に係る交付金 …………………………… *105*

Q4-12　複数事業主制度の会計処理 …………………………… *108*

Q4-13　簡便法の会計処理①　簡便法とは ………………… *110*

Q4-14　簡便法の会計処理②　適用範囲 …………………… *113*

Q4-15　原則法↔簡便法の変更 ……………………………… *114*

Q4-16　退職給付と税効果 ……………………………………… *116*

Q4-17　連結と個別の会計処理の差異と税効果 ……………… *118*

Q4-18　退職給付に係る繰延税金資産の回収可能性 ………… *121*

Q4-19　持分法適用会社の退職給付の会計処理 ……………… *122*

Q4-20　四半期決算 ……………………………………………… *124*

第 5 章　退職給付会計の開示論点を理解する

Q5-1　退職給付会計に係る勘定科目の貸借対照表上の計上
区分 ……………………………………………………… *128*

Q5-2　退職給付費用の損益計算書上の計上区分 …………… *130*

Q5-3　その他の包括利益 ……………………………………… *131*

Q5-4 組替調整 ································· 132

Q5-5 連結キャッシュ・フロー計算書 ················· 136

Q5-6 開示が求められる注記事項 ················ 141

Q5-7 退職給付に係る注記作成までの流れ ········· 143

Q5-8 退職給付に係る注記の留意点 ·············· 157

Q5-9 簡便法の注記 ························· 162

Q5-10 確定拠出制度の開示 ···················· 164

Q5-11 積立型と非積立型 ······················ 166

第6章 退職給付会計に関する税務を理解する

Q6-1 退職給付会計に関する税務上の取扱い①　退職給付
費用 ·································· 170

Q6-2 退職給付会計に関する税務上の取扱い②　退職一時
金の支給と年金掛金の拠出 ············· 171

Q6-3 退職給付会計に関する税務上の取扱い③　退職給付
信託 ·································· 172

第7章 退職給付会計の内部統制

Q7-1 退職給付会計に係る内部統制 ············· 180

Q7-2 退職給付債務に係る内部統制 ············· 181

Q7-3 年金資産に係る内部統制 ················ 186

参考 退職給付債務等の計算の考え方 ──────── 189

巻末付録

1 IFRSとの差異一覧 ──────────────── 208

2 Keyword ─────────────────── 213

凡例

法令，会計基準等の名称	略　称
「財務諸表等の用語，様式及び作成方法に関する規則」の取扱いに関する留意事項について（財務諸表等規則ガイドライン）	財規ガイドライン
「連結財務諸表の用語，様式及び作成方法に関する規則」の取扱いに関する留意事項について（連結財務諸表規則ガイドライン）	連結財規ガイドライン
企業会計基準第26号「退職給付に関する会計基準（平成28年最終改正）」	退職給付会計基準
「退職給付に係る会計基準」（企業会計審議会）	旧退職給付会計基準
企業会計基準適用指針第25号「退職給付に関する会計基準の適用指針」	退職給付適用指針
退職給付会計に関する数理実務ガイダンス	数理実務ガイダンス
企業会計基準適用指針第28号「税効果会計に係る会計基準の適用指針」	税効果会計適用指針
企業会計基準適用指針第26号「繰延税金資産の回収可能性に関する適用指針」	繰延税金資産の回収可能性適用指針
会計制度委員会報告第9号「持分法会計に関する実務指針」	持分法実務指針
企業会計基準第25号「包括利益の表示に関する会計基準」	包括利益会計基準
企業会計基準適用指針第14号「四半期財務諸表に関する会計基準の適用指針」	四半期適用指針

序　章

Q&Aに入る前に

Point

- 退職給付会計の仕組みは，貸借対照表のイメージで考える
  とわかりやすくなります。

Q序-1　退職給付会計の全体像

Q	退職給付会計の全体像について説明してください。
A	退職給付会計は退職以後に支給される給付，つまり退職給付に関する資産や負債などを表すための会計であり，退職一時金（退職金）や企業年金制度も包括した会計となっています。

解 説

1．退職給付について

　退職給付とは，従業員が一定の期間にわたり労働を提供したことなどの事由に基づいて，退職以後に支給される給付をいいます。退職給付の典型的なものとしては，退職時に支払われる退職一時金（いわゆる退職金）や年金として支払われる企業年金があります。

2．退職給付会計の適用対象

　退職給付会計は，退職一時金と企業年金制度という2つの性質のものを，退職給付という点から包括して取り扱っているところに特徴があります。

　退職給付会計の対象は，退職一時金と企業年金制度ということになりますが，それらのすべてが対象というわけではありません。

　退職一時金については，役員の退職慰労金は退職給付会計の対象にはなりません。

　企業年金制度は，確定給付年金制度と確定拠出年金制度に大きく分けられますが，追加的な拠出義務を負わない確定拠出年金制度は退職給付会計の対象にはなりません。

　退職給付会計は退職給付に関する資産や負債などを表すための会計であるため，基本的には確定給付制度がその対象になります。定拠出制度は退職給付会計の対象にはなりませんが，注記の対象にはなります。

| 図表序-1 | 退職給付会計の対象 |

退職給付会計の対象	
退職一時金	企業年金制度 （確定給付制度）

3．退職給付の負債（資産）の計上

　退職給付会計は，退職一時金および企業年金制度の確定給付制度が対象になりますが，これは不足分を負債計上するという考え方に基づき，この不足分を時価で計算するところに特徴があります。

　退職給付債務から年金資産の額を控除した額を負債として計上し，年金資産の額が退職給付債務を超える場合には資産として計上する，ということになります（退職給付会計基準13）。

　退職給付債務とは，従業員が在職中の一定の期間にわたり労働を提供したこと等の理由に基づいて，退職以後に従業員に支給される給付（退職給付）の総額のうち，認識時点までに発生していると認められる額を予想される支給時から現在までの期間に基づき割引計算されたもので，時価の概念のうちの確率等も加味した割引現在価値で計算されます。

　年金資産とは，企業年金制度に基づき退職給付に充てるために積み立てられている資産をいいます。また，特定の退職給付制度のために，退職給付の支払いのためにのみ使用されることが制度的に担保される一定の要件を満たした特定の資産も，年金資産とみなされ，期末における公正な評価額により計算されます。

Q序-2 退職給付会計のイメージ（連結）

Q	退職給付会計（連結）の仕組みをわかりやすく説明してください。
A	退職給付会計は，貸借対照表のイメージで考えるとわかりやすくなります。退職給付会計（連結）の仕組みを計算式で示すと以下のようになります。 退職給付に係る負債＝退職給付債務－年金資産

解説

1．退職給付会計の仕組み（連結）

退職給付債務から年金資産の額を控除した額を負債（または資産）として計上します。

その際，負債のときは「退職給付に係る負債」として貸借対照表に計上し，資産のときは「退職給付に係る資産」として貸借対照表に計上することになります。

計算式で示すと，以下のようになります。

退職給付に係る負債＝退職給付債務－年金資産

2．退職給付会計のイメージ図（連結）

退職給付会計は，貸借対照表のイメージで考えるとわかりやすくなります（図表序-2参照）。

退職給付債務から年金資産を控除した額が，企業の貸借対照表に計上される退職給付に係る負債になります。

網掛けの部分は未認識項目です。「未認識」とは，まだ費用処理されていないという意味です。連結決算の場合は，この未認識項目は純資産として即時に認識（会計処理）されます。

未認識項目には，未認識数理計算上の差異，未認識過去勤務費用があります。

図表中のかっこ書きの項目は，年金資産または退職給付債務から生じる損益項目です。

序章　Q&Aに入る前に　　5

図表序-2　退職給付会計のイメージ図（連結）

退職給付に係る負債（連結）

年金資産
（期待運用収益）

退職給付債務
勤務費用
利息費用

未認識数理計算上の差異
未認識過去勤務費用

数理計算上の差異の
費用処理額
過去勤務費用の
費用処理額

退職給付に係る負債
または
退職給付に係る資産

未認識数理計算上の差異
未認識過去勤務費用

Q序-3　退職給付会計のイメージ（個別）

Q	退職給付会計（個別）の仕組みをわかりやすく説明してください。
A	退職給付会計は，貸借対照表のイメージで考えるとわかりやすくなります。退職給付会計（個別）の仕組みを計算式で示すと以下のようになります。 退職給付引当金＝（退職給付債務±未認識項目）−（年金資産±未認識項目）

解　説

1．退職給付会計の仕組み（個別）

退職給付債務から年金資産の額を控除した額を負債（または資産）として計

上します。

　連結決算と違い，個別決算の場合は，未認識項目は即時に認識（会計処理）されません。そのため，「退職給付債務から未認識項目を除いたもの」から，「年金資産から未認識項目を除いたもの」を控除した額を負債計上することになります。

　その際，連結決算と異なり，負債のときは「退職給付引当金」として貸借対照表に計上し，資産のときは「前払年金費用」として貸借対照表に計上することになります。

　計算式で示すと，以下のようになります。

退職給付引当金＝（退職給付債務±未認識項目）－（年金資産±未認識項目）

2．退職給付会計のイメージ図（個別）

　退職給付会計は，貸借対照表のイメージで考えるとわかりやすくなります（図表序-3参照）。

　「退職給付債務から未認識項目を除いたもの」から，「年金資産から未認識項目を除いたもの」を控除した額が「退職給付引当金」または「前払年金費用」として企業の貸借対照表に計上されることになります。

　未認識項目がすべて認識（会計処理）されると，個別決算の退職給付引当金の残高と連結決算の退職給付に係る負債の金額は一致することになります。

　未認識項目には，未認識数理計算上の差異，未認識過去勤務費用があります。未認識項目は一定の年数で費用処理および負債計上されることになります。

　図表中のかっこ書きの項目は，年金資産または退職給付債務から生じる損益項目です。

図表序-3　退職給付会計のイメージ図（個別）

退職給付引当金（個別）

年金資産 （期待運用収益） 未認識数理計算上の差異 未認識過去勤務費用 数理計算上の差異の 費用処理額 過去勤務費用の 費用処理額	退職給付債務 勤務費用 利息費用 退職給付引当金 または 前払年金費用
	未認識数理計算上の差異 未認識過去勤務費用

第1章

退職給付制度を理解する

Point

- 退職給付制度は，確定給付制度と確定拠出制度に分けられます。

Q1-1 退職給付会計の対象となる退職給付と退職給付制度の種類

Q	退職給付会計の対象となる退職給付は，どのようなものですか。
A	一定の期間にわたり労働を提供したこと等の事由に基づいて，退職以後に支給される給付（退職給付）が対象になります。

解 説

1．退職給付会計の対象

退職給付は，退職以後に支給される給付を指すものとされます。退職給付会計の対象となるのは，このうち，一定の期間にわたり労働を提供したこと等の事由に基づいて支給されるものです。

ただし，株主総会の決議または委員会設置会社における報酬委員の決定が必要となる取締役，会計参与，監査役および執行役（以下「役員」といいます）の退職慰労金については，退職給付会計基準の適用範囲には含まれないとされています。

給付の支払いの典型的な形態としては，退職時に一時金が支払われるものと，退職後の一定の年齢から一定の期間，または終身にわたって年金が支払われるものがあります。

例えば，厚生年金基金制度および確定給付企業年金制度に含まれる役員部分は，退職給付会計基準の適用対象になるとされ，その計算にあたっては従業員部分と合わせることができるとされています。

また，一時的に支払われる早期割増退職金は，勤務期間を通じた労働の提供に伴って発生した退職給付という性格を有しておらず，むしろ将来の勤務を放棄する代償，失業期間中の補償等の性格を有するものとして捉えることが妥当であるため，退職給付見込額の見積りには含めず，従業員が早期退職金制度に応募し，かつ，当該金額が合理的に見積られる時点で費用処理することとされています。

第1章　退職給付制度を理解する　　*11*

2．退職給付会計における退職給付制度の区分

　退職給付は，必ずしも成文化されていることが要件ではありませんが，一群の対象者に対して成文化されているものは，一般に退職給付制度と呼ばれています。退職給付制度は，確定給付制度と確定拠出制度に大きく分けられます（Q1-3参照）。確定給付制度は，さらに，単独事業主制度と複数事業主制度に分けられます。複数事業主制度は，「自社の拠出に対応する年金資産の額を合理的に計算することができるかどうか」を基準に会計処理が区分されます（Q1-8参照）。

Q1-2 企業年金制度

Q	企業年金制度には，どのようなものがありますか。
A	代表的なものとして，以下のものが挙げられます。 • 退職金・自社年金 • 確定給付企業年金（規約型・基金型） • 確定拠出年金（企業型） • 厚生年金基金 • 中小企業退職金共済 • 特定退職金共済

解 説

　企業年金制度には，狭義には退職金が含まれませんが，広義には退職金も含まれます。すなわち，広義の企業年金制度は退職給付制度と同義と考えられます。

①　退職金・自社年金

　特別の法律に基づく承認等を受けない退職給付制度です。支払の形態に応じて，一般に退職金または自社年金と呼ばれます。特別な法令上の規制がないため，より独自性の強い設計をすることができます。年金資産を信託等の形で社

外に積み立てる場合もあります。

　日本における実態としては，自社年金を設ける企業は少ないですが，多くの企業で退職金が設けられています。また，退職金の全部または一部の実施形態として，以下に掲げる各種の特別の法律に基づく制度が利用されるケースが少なからずあります。

②　確定給付企業年金（規約型・基金型）

　確定給付企業年金法に基づいて，厚生労働省の監督の下で実施される企業年金制度です。基金型の確定給付企業年金は法人です。

　給付の内容（金額の計算式，支給の条件）が規約に定められます。掛金は適切な年金数理に基づく必要があります。

　掛金の拠出によって年金資産が社外に積み立てられ，給付は年金資産から支払われます。規約型の場合には，年金資産は信託または生保の契約の形をとります。基金型の場合は，年金資産は法人である基金の名義となりますが，運用の実態としては，信託または生保の契約の形をとることが一般的です。ただし，基金内で自家運用の形をとる場合もあります。

③　確定拠出年金（企業型）

　確定拠出年金法に基づいて，厚生労働省の監督の下で実施される企業年金制度です。拠出の内容（金額の計算式）が規約に定められます。給付（年金や一時金の額）は，個人ごとの掛金の累計と運用の結果がそのまま反映されます。年金資産の運用は，用意されたメニューの中から本人が選択します。

④　厚生年金基金

　厚生年金保険法に基づいて，厚生労働省の監督の下で実施される企業年金制度です。厚生年金基金は法人です。厚生年金の老齢給付の一部を国に代わって支給（代行給付といいます）し，さらに，これに一定の独自給付（プラスアルファ）を上乗せすることにより，厚生年金よりも厚い給付を行うよう設計されることが特徴です。

　平成25年6月に成立した「公的年金制度の健全性及び信頼性の確保のための

厚生年金保険法等の一部を改正する法律」によって，その施行日（平成26年4月1日）以後は厚生年金基金の新設が認められなくなりました。また，厚生年金基金が存続するための財政運営のルールが厳しくなりました。これらのことから，厚生年金基金は他の企業年金制度への移行，または解散を選択するケースが多くなっています。

⑤　中小企業退職金共済

中小企業退職金共済法に基づいて，厚生労働省の監督の下で独立行政法人勤労者退職金共済機構が実施しているものです。中小企業退職金共済（中退共といいます）は，中小企業者の相互共済と国の援助で退職金制度を確立し，これによって中小企業の従業員の福祉の増進と，中小企業の振興に寄与することを目的としています。加入する企業は，中退共と退職金共済契約を締結し，掛金を拠出します。従業員が退職した際は，中退共から退職金が支払われます。企業の業種，常用従業員数，資本金・出資金による加入制限があります。

⑥　特定退職金共済

商工会議所等が，所得税法上の「特定退職金共済団体」を設立し，所轄税務署長の承認を得たうえで実施する制度です。退職金共済契約に基づき，企業が特定退職金共済団体に掛金を拠出し，従業員が退職した際は，特定退職金共済団体から退職金が支払われます。

Q1-3 確定拠出制度と確定給付制度

Q	確定拠出制度と確定給付制度の違いについて教えてください。
A	退職給付会計基準では，以下のように定義されています。 • 確定拠出制度 　一定の掛金を外部に積み立て，事業主である企業が，当該掛金以外に退職給付に係る追加的な拠出義務を負わない退職給付制度。 • 確定給付制度 　確定拠出制度以外の退職給付制度。

解説

退職給付会計基準では，上記のような定義以外に両者の特徴は特に説明されていません。この点，国際会計基準では，退職給付会計基準と概ね同等の定義が設けられていることに加えて，リスク（数理上のリスク，資産運用上のリスク）の負担者の観点から両者の特性が記載されています。それによれば，リスクの負担者は，確定給付制度では企業，確定拠出制度では加入者となるとされています。

確定拠出制度では制度に基づく要拠出額をもって費用処理することとされているのに対して，確定給付制度では退職給付債務等による会計上の対応が求められます。このような会計上の取扱いの違いは，両者の特性の違いを反映したものと考えられます。

ちなみに，確定拠出と確定給付の語は，それぞれ，"defined contribution"と"defined benefit"の訳語として用いられているものと考えられますが，訳語の文字にとらわれると誤解を伴うおそれがあるので注意すべきです。両者はそれぞれ，掛金の計算方法と給付の計算方法が規定（定義"defined"）されているものであって，必ずしもあらかじめ金額が確定しているものでも時の経過により変化しないものでもありません。

第1章　退職給付制度を理解する　　*15*

| **Q1-4** | リスク分担型企業年金制度 |

| Q | リスク分担型企業年金制度は，退職給付会計の対象になりますか。 |
| A | 対象になります。
リスク分担型企業年金の会計上の取扱いについては，企業の掛金の拠出に関する実質的な義務に応じた判断が求められます。その結果，確定拠出制度または確定給付制度のいずれかに分類して，退職給付会計が適用されます。ただし，会計上の取扱いには未解決の論点があります。 |

解　説

1．リスク分担型企業年金

　リスク分担型企業年金は，平成27年6月30日に閣議決定された「日本再興戦略」改訂2015に基づき実施される施策として，平成29年1月1日施行政省令の改正によって認められることになったもので，確定給付企業年金法に基づいて実施される企業年金のうち，給付額の算定に関して，確定給付企業年金法施行規則第25条の2に定める調整率（積立金の額，掛金額の予想額の現価，通常予測給付額の現価および財政悪化リスク相当額（通常の予測を超えて財政の安定が損なわれる危険に対応する額）に応じて定まる数値）が規約に定められる企業年金をいいます。

　リスク分担型企業年金は，企業がリスクへの対応分を含んだ固定の掛金を拠出することで一定のリスクを負い（その他のリスクは負わない），一方で財政バランスが崩れた場合には従業員への給付の調整を行うことで，企業と従業員が一定のリスクを分担する企業年金です。

　代表的なリスクとして年金資産の運用リスクをすべて企業が負う確定給付企業年金と，運用リスクを加入者である従業員が負う確定拠出年金の両方の性質をもつハイブリッド型の企業年金制度として導入されました。

　なお，企業年金のリスクには，年金資産の運用リスクだけではなく，加入者である従業員の長寿リスクなどもあります。企業年金のリスクについては総合的に判断する必要があります。

２．リスク分担型企業年金の会計処理

　平成28年12月16日に企業会計基準委員会（ASBJ）から公表された実務対応報告では，リスク分担型企業年金について，企業の掛金の拠出に関する実質的な義務の内容に応じて，会計上の分類が示されています。

企業の拠出義務のパターン	会計上の分類	会計処理
企業の拠出義務が，給付に充当する各期の掛金として，制度の導入時の規約に定められた標準掛金相当額，特別掛金相当額およびリスク対応掛金相当額の拠出に限定され，企業が当該掛金相当額のほかに拠出義務を実質的に負っていない場合	確定拠出制度（退職給付会計基準４）	規約に基づきあらかじめ定められた各期の掛金の金額を，各期において費用処理する（退職給付会計基準31）
上記以外	確定給付制度（退職給付会計基準５）	確定給付制度の会計処理（退職給付会計基準13から26等）

　どのようなケースがどちらの分類に該当するのかに関する判断の詳細は示されていません。しかし，当然ながら，年金規約のほかにも，社内規程，労使の覚書など，さまざまな形態のものが関係し得ることに注意が必要であると考えられます。

　また，年金財政上の積立不足は，資産運用の結果以外にも，企業経営の施策（例えば，事業計画の見直し）によって生じることが考えられます。したがって，さまざまなケースを想定して慎重に判断されるべきであると考えられます。

　さらに，いったん会計上の取扱いとして確定拠出制度に分類された後も，直近の分類に影響を及ぼす事象が新たに生じた場合，会計上の退職給付制度の分類を再判定することとされています。

　また，ASBJとしては，確定拠出制度から確定給付制度へ分類が変更になる場合の取扱いについては，今後の運用状況等も勘案し，必要に応じて検討することとしています。このように，将来にわたって継続的な判断が求められることに加えて，未解決の論点が残されていることなどからも，リスク分担型企業

第1章　退職給付制度を理解する　　*17*

年金の導入については慎重な判断が求められます。

Q1-5 厚生年金基金の原則廃止

Q	厚生年金基金が廃止されると聞きましたが，その内容を教えてください。
A	厚生年金基金は，法律上廃止されていません。 平成25年6月に成立した「公的年金制度の健全性及び信頼性の確保のための厚生年金保険法等の一部を改正する法律」の施行によって，厚生年金基金を解散する，あるいは厚生年金基金を他の企業年金へ移行するケースが多く生じていますが，一定の基準を満たす場合には厚生年金基金を存続させることも可能です。

解　説

　平成25年6月に成立し，平成26年4月1日に施行された「公的年金制度の健全性及び信頼性の確保のための厚生年金保険法等の一部を改正する法律」に示されている主な内容は，以下のとおりです。

- 施行日以後は，厚生年金基金の新設は認めない。
- 施行日から5年間の時限措置として，特例解散制度を見直し，分割納付における事業所間の連帯債務を外すなど，基金の解散時に国に納付する最低責任準備金の納付期限・納付方法の特例を設ける。
- 施行日から5年後以降は，代行資産保全の観点から設定した基準を満たさない基金については，厚生労働大臣が第三者委員会の意見を聴いて，解散命令を発動できる。
- 上乗せ給付の受給権保全を支援するため，厚生年金基金から他の企業年金等への積立金の移行について特例を設ける。

Q1-6　退職一時金と企業年金

Q	退職一時金と企業年金の違いは何ですか。
A	退職一時金は企業が退職者に直接支払う一時金を指し，企業年金は特別の法律に基づいて企業が従業員等のために採用する年金制度を指すことが一般的です。

解説

1．退職一時金

　退職一時金とは，退職金と呼ばれることも多く，一般に，退職時に勤務先の企業などから一時に支払われる金銭を指します。

　退職一時金は，確定給付であることが一般的です。

　退職一時金の原資は，多くの場合，企業内部で準備されます。そのため，内部留保の制度と呼ばれることもあります。内部留保の場合には，企業が倒産した際に，従業員は退職金を受け取れなくなることがあります。そのような事態に備えて，信託等の形で社外に積立てを行う場合があります。また，退職一時金の全部または一部の実施形態として，以下に掲げる各種の特別の法律に基づく制度が利用されるケースが少なからずあります。

2．企業年金

　企業年金は，会社がその従業員を対象に実施する年金制度であり，外部に積み立てた資産を原資として年金給付を行う形態の制度が一般的です。

　代表的な企業年金として，確定給付企業年金と確定拠出年金（企業型）があります。これらは，それぞれの法律に基づき厚生労働省の監督の下に運営され，適切な数理計算に基づいて社外に年金資産が積み立てられます。これらの企業年金制度から，一定の条件や本人の選択に応じて，年金ではなく一時金が支払われる場合もあります。

　広義には，企業年金は，退職一時金を含みます（Q1-2を参照）。

第1章　退職給付制度を理解する　　*19*

Q1-7 公的年金

Q	公的年金には，どのような種類がありますか。
A	公的年金には，基礎年金（国民年金）と厚生年金保険があります。

解　説

　日本の公的年金は，基礎年金（国民年金）と厚生年金からなります。

　かつて，被用者の年金としては，厚生年金保険のほかに，国家公務員共済組合，地方公務員等共済組合，私立学校教職員共済がありました。しかし，平成27年10月に施行された「被用者年金一元化法」によって，これらは厚生年金保険に統一されています。ただし，一元化以前の勤務期間に関する経過措置があります。また，一元化以降，厚生年金の届書等は，日本年金機構または各共済組合等のどの窓口でも受付されます。

　厚生年金保険の被保険者であった者が受給する年金額は，老齢基礎年金と老齢厚生年金との合計になります。これらのほかに，公的年金からの給付としては，遺族年金，障害年金やその他が含まれます。

　公的年金には，賃金や物価の変動に基づく再評価の仕組みがあります。また，2004年の厚生年金保険法の改正では，将来の保険料率をあらかじめ法律で定め，年金を支える労働力の減少や平均余命の伸びに応じて給付水準を調整することによって財政の均衡を図る仕組みが組み込まれました。この仕組みを「マクロ経済スライド」といいます。

Q1-8 複数事業主制度

Q	複数事業主制度について教えてください。
A	複数事業主制度とは，複数の事業主（企業）が共同して1つの企業年金制度を設立する場合をいいます。

解 説

　確定給付型の企業年金に複数の企業が加入している場合には，自社の拠出に対応する年金資産額を合理的に計算することができる場合か否かを判断基準として，以下，それぞれの会計処理がなされます。

　①　自社の拠出に対応する年金資産額を合理的に計算することができる場合

　自社の拠出に対応する年金資産額を合理的に計算した上で，単一事業主制度と同様に会計処理および開示を行う。

　②　自社の拠出に対応する年金資産額を合理的に計算することができない場合

　確定拠出制度に準じた会計処理および開示を行う。また，当該制度全体の直近の積立状況等を注記する。

　したがって，自社の拠出に対応する年金資産の額を合理的に計算することができるかどうかの判断が重要になります。

　退職給付適用指針第64項には，「『自社の拠出に対応する年金資産の額を合理的に計算することができないとき』とは，複数事業主制度において，事業主ごとに未償却過去勤務債務に係る掛金率や掛金負担割合等の定めがなく，掛金が一律に決められている場合をいうものとする。ただし，これに該当する場合であっても，親会社等の特定の事業主に属する従業員に係る給付等が制度全体の中で著しく大きな割合を占めているときは，当該親会社等の財務諸表上，自社の拠出に対応する年金資産の額を合理的に計算できないケースにはあたらないものとする」と記載されています。

　この本文は，事業所間でリスクの共有がある場合のことを指しているものと考えられます。ただし書きについては，例えば，重要ではない子会社等が年金制度に加わることで形式的に複数事業主制度となり，リスクの共有がある場合であっても，親会社には単一事業主制度と同様の会計処理と開示を求めているものと理解されます。このような場合には，親会社に関しては，親会社の拠出に対応する年金資産の額の計算に関して合理性を多少犠牲にしても，単一事業主制度と同様の会計処理と開示を求めることを優先するものと理解されます。

第1章　退職給付制度を理解する　*21*

Q1-9 退職給付額の算定式

Q	退職給付額の代表的な算定式にはどのようなものがありますか。
A	確定給付制度における退職給付額の代表的な算定式として，勤続年数別定額，最終給与比例，ポイント制，キャッシュ・バランス・プランが挙げられます。

解 説

1．勤続年数別定額

　給付額を給与等に関係なく，勤続年数のみに基づいて定額で退職給付額を規定する方法です。退職時の年齢を退職給付額の決定の要素に加える規定もあります。

2．給与比例

　給付額の算定式に給与の要素が含まれる方法です。例えば，以下のような算定方法があります。

(1)　最終給与比例

　退職時の給与に対して，退職時の勤続年数などに応じる率を乗じることで退職給付額を規定する方法です。

(2)　平均給与比例

　全勤務期間，あるいは一定の勤務期間の平均給与に対して，何らかの率を乗じることで退職給付額を規定する方法です。

(3)　累積給与比例

　全勤務期間，あるいは一定の勤務期間の累積給与に対して，何らかの率を乗じることで退職給付額を規定する方法です。

3．ポイント制

　勤続年数や職能，役職などの要素に従ってポイントを毎年（毎月）付与し，退職時のポイント累計にポイント単価を乗じた額を基に退職給付額を規定する方法です。

4．キャッシュ・バランス・プラン

　仮想的な個人勘定を設定し，これを基に退職給付額を規定する方法です。仮想的な個人勘定には，毎年（毎月），「拠出クレジット」と「利息クレジット」を累積します。

　「拠出クレジット」は，一般に，在職中の給与に一定率を乗じるものや，ポイント制と同様のポイントにポイント単価を乗じるものが規定されます。

　「利息クレジット」は，規定に基づく利率（加入中，年金受給の待期中，年金受給中に区分して規定されます）による利息額に当たるものです。

第2章

退職給付債務の計算方法を
理解する

Point

- 退職給付会計においては，割引率，退職率，死亡率，予想昇給率，一時金選択率，長期期待運用収益率などの計算基礎があります。
- 退職給付見込額の期間帰属方法には，給付算定式基準と期間定額基準があります。
- 退職給付債務を計算する際には，貸借対照表日前のデータを利用することができます。
- 退職給付債務計算は外部委託するケースと自社で行うケースがあります。

24

Q2-1 退職給付会計における計算基礎① 計算基礎とは

Q	退職給付会計における計算基礎について教えてください。
A	退職給付見込額の算定のため，および割引計算のために用いられる計算の前提となるものです。そのほかに，長期期待運用収益率などがあります。

解 説

　退職給付債務とは，一定の期間にわたり労働を提供したこと等の事由に基づいて，退職以後に従業員に支給される給付のうち，認識時点（例えば期末時点）までに発生していると認められる部分について，割引計算により測定されたものです。

　上記の定義を分解すると，退職給付債務は2つのステップに分けて算出されることとなります。まず，退職給付見込額のうち，現在までに発生していると認められる金額を算定し，次に，その算定された金額を割引計算します。

　したがって，退職給付債務の計算基礎には，退職給付見込額の算定のための計算基礎と割引計算のための計算基礎があります。

1．退職給付見込額の計算基礎

　退職給付見込額を合理的に見積るためには，従業員がいつ退職するのか，退職する際の退職金の水準はどれぐらいかといった情報が必要となります。

　従業員がいつ退職するかについては，退職給付会計基準では退職率と死亡率を用いて計算するとされています。

　退職する際の退職金の水準については，従業員の入社時から退職時までどの程度昇給するか（予想昇給率）を見積って計算することとされています。

2．割引計算の計算基礎

　退職給付債務の割引計算においては，予想退職時ごとの退職給付見込額のうち期末までに発生していると認められる額を，退職給付の支払見込日までの期間に対応する割引率を用いて割引計算します。そのための計算基礎として割引

第2章　退職給付債務の計算方法を理解する　　*25*

率が必要になります。

　Q2-2以降で，退職給付見込額の算定のための計算基礎（退職率・死亡率など），割引計算のための計算基礎（割引率）について詳しく解説します。

　なお，その他の計算基礎として，一時金選択率や長期期待運用収益率などがあります。一時金選択率は，退職給付見込額の算定のための計算基礎の1つで，退職金を受け取る際に一時金方式か年金方式かを選択できる企業において用いられることになります。長期期待運用収益率は，退職給付債務の計算ではなく，年金資産に係る期待運用収益の計算に用いられます。

Q2-2 退職給付会計における計算基礎②　計算基礎の種類

Q	退職給付会計における計算基礎にはどのようなものがありますか。
A	割引率，退職率，死亡率，予想昇給率，一時金選択率，長期期待運用収益率といったものがあります。

解 説

　それぞれの計算基礎について，以下で解説します。

1．割引率

　割引率の決定にあたっては，安全性の高い債券の利回りを基礎とします。また，割引率は，退職給付支払ごとの支払見込期間を反映するものでなければならないとされています。

　退職給付会計基準第21項にあるように，退職給付債務の計算における割引率は，利息費用の計算にも用いられます。

2．退職率

　退職率とは，生存退職と死亡退職のうち，生存退職率のことです。つまり，在籍する従業員が自己都合や定年等により生存退職する年齢ごとの発生率のこ

とであり，在籍する従業員が今後どのような割合で退職していくか（退職確率）を推計する際に使用する計算基礎です。したがって，将来の予測を適正に行うために，退職率は，異常値（リストラクチャリングに伴う大量解雇，退職加算金を上乗せした退職の勧誘による大量退職等に基づく値）を除いた過去の実績に基づき，合理的に算定しなければならないとされています。

3．死亡率

　死亡率とは，従業員の在職中および退職後における年齢ごとの死亡発生率です。年金給付は，通常，退職後の従業員が生存している期間にわたって支払われるものであることから，生存人員数を推定するために年齢ごとの死亡率を使うのが原則です。この死亡率は，事業所の所在国における全人口の生命統計表等を基に合理的に算定されます。

4．予想昇給率

　予想昇給率は，対象企業における給与規程，給与の実態分布および過去の昇給実績等に基づき，合理的に推定して算定します。過去の昇給実績は，過去の実績に含まれる異常値（急激な業績拡大に伴う大幅な給与加算額，急激なインフレによる給与テーブルの改訂等に基づく値）を除き，合理的な要因のみを用いる必要があります。

　なお，予想昇給率には，職能資格制度に基づく「ポイント」について設定する場合が含まれます。

　予想昇給率は，予想される昇給等を考慮するものであり，平成24年の退職給付会計基準の改正前の考え方（確実に見込まれる昇給）とは異なる概念です。

5．一時金選択率

　一時金選択率は，年金に代えて一時金を受給できる制度において，一時金を選択する率をいいます。

　退職給付会計に関する数理実務基準（公益社団法人 日本年金数理人会，公益社団法人 日本アクチュアリー会）では，「一時金選択率は，経験値を参考にして推定することが一般的である。ただし，一時金選択率の経験値は，年度ご

第2章　退職給付債務の計算方法を理解する　　*27*

とに相当程度のばらつきがある場合も想定されるが，計算基礎は，退職給付債務の計算対象となる支払い見込み期間の全体を対象としたものであることから，例えば，直近単年度の経験値のみを反映して毎年度の退職給付債務の計算の都度，一時金選択率を変更するような取扱いは必ずしも適切ではないことに留意する。」とされています。

6．長期期待運用収益率

　長期期待運用収益率は，年金資産が退職給付の支払に充てられるまでの時期，保有している年金資産のポートフォリオ，過去の運用実績，運用方針および市場の動向等を考慮して設定されます。

　退職給付会計基準第23項にあるように，長期期待運用収益率は，退職給付債務の計算ではなく，期待運用収益の計算に用いられます。

Q2-3	退職給付会計における計算基礎③　設定上の取扱い

Q	退職率や死亡率，予想昇給率等の計算基礎として，実務上はどのようなものを使用すべきですか。
A	退職率は年齢ごとの退職発生率，死亡率は年齢ごとの死亡発生率，予想昇給率は給与規程や平均給与の実態分布および過去の昇給実績等に基づき推定します。

解　説

　退職率や死亡率，予想昇給率等について，定義に合った計算基礎を設定する際の実務上の取扱いについて解説します。

1．退職率

　退職率は，在籍する従業員が自己都合や定年等により生存退職する年齢ごとの発生率のことです。状況によっては，年齢ではなく，勤務期間ごとの発生率を用いることが適切な場合があります。

退職率は個別企業ごとに算定することが原則とされていますが，事業主が連合型の企業年金において勤務環境が類似する企業集団に属する場合には，当該集団の退職率を用いることができます。

実務上，過去3年から5年の退職率の実績を基にすることが一般的です。退職率は将来の予測のための計算基礎なので，例えばリストラ等の異常値は過去の実績から除いて，合理的に算定します。また，企業の人事政策等を踏まえて将来の予想を適正に反映した退職率となるよう，必要に応じて補正することがあります。

2．死亡率

死亡率は，従業員の在職中および退職後の年齢ごと・性別ごとの死亡の発生率であり，将来の生存人員数を推定するために使用されます。

死亡率は厚生労働省が発表している生命表に合理的な補正を行うことが適当である場合が多いとされています。

3．予想昇給率

予想昇給率は，対象企業における給与規程，給与の実態分布および過去の昇給実績等に基づいて合理的に設定します。予想昇給率は，将来の予測のための計算基礎なので，異常値は過去の実績から除いて，合理的に設定します。

予想昇給率は個別企業ごとに算定することを原則とするとされていますが，連合型の企業年金において給与規程および平均給与の実態等が類似する企業集団に属する場合には，当該集団の予想昇給率を用いることができます。

第2章　退職給付債務の計算方法を理解する　　*29*

Q2-4　退職給付会計における計算基礎④　計算基礎の見直し

Q	計算基礎の変更，見直しは毎期必要ですか。
A	計算基礎は，毎期見直しが必要ですが，重要な変動が生じていないと判断される場合には，変更しないことができます。

解　説

　割引率は，期末における利回りを基礎とすることとされています。ただし，重要な変動が生じていない場合には，これを見直さないことができるとされています。

　重要な影響の有無の判断にあたっては，前期末に用いた割引率により算定した場合の退職給付債務と比較して，期末の割引率により計算した退職給付債務が10％以上変動すると推定される場合には，重要な影響を及ぼすものとして期末の割引率を用いることとされています。10％未満である場合については会計基準に特別の言及はありません。割引率は期末における利回りを基礎とすることが原則とされているため，10％未満の場合においても割引率を変更することは，原則どおりの取扱いであり問題ありません。変更しないことについては，重要性に基づいた判断が求められると考えられます。そのため，いずれにしても毎期末の割引率を確認する必要があります。

　退職率，予想昇給率等は，退職給付債務等に重要な影響があると認められる場合は，各計算基礎を再検討することとされています。また，企業年金制度における財政再計算等の計算基礎が変更された場合には，見直しを検討する必要があります。そのため，毎期末の退職率，予想昇給率等について確認する必要があります。

　長期期待運用収益率は，当期損益に重要な影響があると認められる場合のほかは，見直さないことができるとされています。

Q2-5 割引率① 設定にあたって利用する債券の種類と支払見込期間

Q	割引率の設定にあたって利用する債券の種類にはどのようなものがありますか。また，支払見込期間を反映するとはどのようなことをいうのですか。
A	割引率は，安全性の高い長期の債券の利回りを利用します。 割引率の合理的な設定のためには，退職給付の支払見込期間を考慮しなければなりません。

解 説

1．割引率

(1) 割引率の定義

割引率とは，退職給付債務を算定する際に使用する計算基礎の1つで，将来の退職給付見込額を現在価値に換算する際の率のことです。

(2) 割引率の決定方法

退職給付債務を計算するための割引率は，安全性の高い債券の利回りを基礎にして決定されます。これには，例えば，期末における国債，政府機関債，優良社債の利回りが含まれます。

優良社債の例としては，複数の格付機関による格付けがダブルA格相当以上を得ている社債等が挙げられます。

(3) 割引率の見直し

割引率は期末における安全性の高い債券の利回りを基礎として決定されますが，各事業年度末において割引率を再検討し，退職給付債務に重要な影響を及ぼす変動が生じていない場合には，これを見直さないことができます。

ただし，期末の割引率により計算した退職給付債務が，前期末の割引率によって計算された退職給付債務に比し10％以上変動すると推定される場合は，割引率を見直し退職給付債務を期末の割引率を用いて再計算しなければならないとされています。

第2章　退職給付債務の計算方法を理解する　　*31*

２．支払見込期間

(1)　支払見込期間の反映

　割引率は，退職給付支払ごとの支払見込期間を反映させることが求められます。

(2)　複数の割引率と単一の割引率

　この反映にあたっては，将来の退職給付の支払見込期間ごとに対応する複数の割引率を用いる方法と，加重平均によって単一の割引率を用いる方法の2種類があります。

> **ここ注意！**
>
> 　複数の割引率と単一の加重平均割引率の大きく2種類ありますが，退職給付会計基準においては，この2つに優劣をつけることなく並列に認めています。

(3)　複数の退職給付制度

　同一の事業主が複数の退職給付制度を採用している場合における各計算基礎は，原則として同一のものになります。

　ただし，退職給付制度ごとに異なる計算基礎を採用することに合理的な理由がある場合は除かれます。単一の加重平均割引率は，これに含まれます。

Q2-6　割引率②　設定方法

Q	割引率の設定方法にはどのようなものがありますか。
A	複数の割引率を用いる方法と単一の加重平均割引率を用いる方法があります。

解　説

１．割引率の設定方法の種類

　複数の割引率と単一の割引率の主な種類として，「退職給付会計基準に関する数理実務ガイダンス」には，以下のアプローチが例示されています。

複数の割引率	イールドカーブ直接アプローチ	イールドカーブから給付見込期間ごとのスポットレートを割引率とする方法
単一の割引率	イールドカーブ等価アプローチ	イールドカーブ直接アプローチにより計算した退職給付債務と等しい結果が得られる単一の割引率を単一の加重平均割引率とする方法
	加重平均アプローチ	退職給付の金額による加重平均期間に対応するスポットレートを単一の加重平均割引率とする方法
	デュレーションアプローチ	退職給付債務のデュレーションと等しい期間に対応するスポットレートを単一の加重平均割引率とする方法

⑴ イールドカーブ直接アプローチ

イールドカーブそのものから給付見込期間ごとのスポットレートを割引率として使用する方法です。

⑵ イールドカーブ等価アプローチ

イールドカーブ直接アプローチにより計算した退職給付債務と等しい結果が得られる割引率を単一の加重平均割引率とする方法です。

⑶ 加重平均アプローチ

退職給付の金額で加重平均した平均期間に対するスポットレートを単一の加重平均割引率とする方法です。この方法は，金額に重点を置いたものであり，イールドカーブの形状を十分反映していないことになります。

⑷ デュレーションアプローチ

退職給付債務のデュレーションと等しい期間に対応するスポットレートを単一の加重平均割引率とする方法です。

デュレーションは，微分の概念を取り入れ退職給付の割引率に対する感応度といえます。

この方法も，イールドカーブの形状を十分反映していないことになります。

コラム　イールドカーブとは

　イールドカーブとは，債券の利回りと償還期間との相関性を表したグラフで，横軸に償還までの期間，縦軸に利回りを示したグラフをいいます。
　イールドカーブは，期間の異なるスポットレートの集合であり，スポットレートとは，割引債（期中での利息の支払がなく満期での支払のみを約束する債券）の利回りのことです。

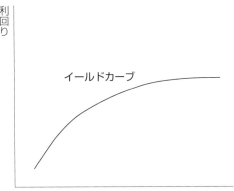

　ところで，金融政策に，長短金利操作（イールドカーブ・コントロール）というものがあります。短期金利についてはマイナス，長期金利については10年物国債の利回りがちょうど0％程度になるように誘導する政策です。
　イールドカーブで表すと，以下のようなグラフになります。

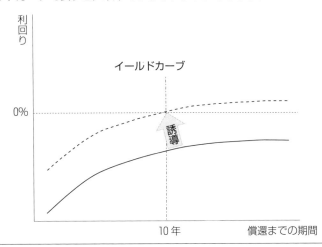

Q2-7 割引率③ 格付けの選択

Q	複数の格付会社から債券の格付けを入手できる場合，どの格付けを選択すればよいですか。
A	どれを選択するということではなく，総合的に判断することになります。

解 説

1．格付けに関する問題点

　格付会社には，格付投資情報センター，日本格付研究所，ムーディーズ，スタンダードアンドプアーズなどがあります。

　格付けに関する問題点としては，債券発行体から格付手数料を収受する格付会社のビジネスモデルは利益相反的であることや，格付けが同等でないことが挙げられます。

　また，格付けはあくまで単なる参考情報にすぎず，何ら保証するものではありません。投資適格として社債格付けしていた企業が破綻する例もありました。

　以上のような状況を鑑みると，格付けが常に適切に行われているとは限らないということです。発行体の信用リスクが何らかの理由で激変したような場合には特に留意が必要です。

2．複数の格付けの利用方法

　上記のような問題点があることから，複数の格付機関からの格付けを入手できる場合，どれを選択するということではなく，あくまで総合的に判断して利用することになります。

第2章 退職給付債務の計算方法を理解する **35**

Q2-8 割引率④ 退職給付債務とマイナス金利

Q	マイナス金利は退職給付債務の計算にどのような影響を与えるでしょうか。
A	割引率設定の際には，マイナスの利回りをそのまま使用する方法と利回りの下限として0を使用する方法のいずれも可能です。

解 説

1．割引率の設定の際の取扱い

(1) マイナス金利

　前述のとおり，退職給付債務を計算するための割引率は，安全性の高い債券の利回りで，例えば，期末における国債，政府機関債，優良社債の利回りを基礎にして決定されます。

　したがって，形式的に当てはめると，もしマイナスの利回りであればそのまま利用することになります。

　ところが，マイナスの利回りは退職給付会計基準の開発時においては想定していなかった状況であり，利回りの下限として0を利用する方法もあると考えられています。

(2) 実務対応報告における取扱い

　実務対応報告第34号「債権の利回りがマイナスとなる場合の退職給付債務等の計算における割引率に関する当面の取扱い」が公表され，期末においてマイナス利回りになる場合，利回りの下限として0を利用する方法とマイナスの利回りをそのまま利用する方法のいずれかの方法によることとなっています。

2．退職給付債務への影響

(1) 割引率がマイナスの場合

　退職給付債務は，割引現在価値として計算されます。割引率がプラスの場合は，例えば将来の100は期末現在においては100未満になり，割引率がマイナスの場合はその逆の結果となり，将来の100は期末現在において100超となります。

(2) 退職給付債務への影響

退職給付債務をマイナスの割引率を利用して計算すると割増現在価値の計算になるため，勤務費用による増加の影響を除くと，時間の経過とともに徐々に退職給付債務は減少することになります。

非常に違和感のある現象ではありますが，マイナス金利の市場状況を表しているといえなくもありません。

Q2-9 割引率⑤ 合理的補正

Q	割引率の合理的補正にはどのようなものがありますか。
A	代表的なものに，線形補間方式，対数補間方式があります。

解 説

1．割引率

(1) 期末における利回り

割引率は期末における利回りを基礎として決定します。そのため，期末までは退職給付債務の算定のための計算基礎である割引率を最終的に決定できない，ということになります。

(2) 割引率に関する合理的な補正方法

実務的には，2種類の割引率に基づく退職給付債務や勤務費用をあらかじめ計算しておき，期末の割引率が判明した時点で，退職給付債務や勤務費用を補正するという対応策がとられている例が多く見受けられます。

2．割引率に関する合理的な補正方法

割引率に関する合理的な補正方法の代表的なものに，線形補間方式と対数補間方式があります。

具体的な式を示しますが，あらかじめ退職給付債務を計算するための割引率 p と q，期末の割引率を i とします（単位は％，p＜i＜q）。

(1) 線形補間方式

線形補間方式は，直線補間により補正計算する方法です。

計算式は以下のようになります。

> 退職給付債務（i）
> ＝｜退職給付債務（q）－退職給付債務（p）｜×(i－p)/(q－p)＋退職給付債務（p）
> 勤務費用（i）
> ＝｜勤務費用（q）－勤務費用（p）｜×(i－p)/(q－p)＋勤務費用（p）

(2) 対数補間方式

対数補間方式は，平均割引期間の概念を用いた近似値を使用する方法です。

計算式は以下のようになります。

> 退職給付債務（i）
> ＝退職給付債務（p）×｜(1＋p/100)÷(1＋i/100)｜^{n}
> n＝Log｜退職給付債務（p）÷退職給付債務（q）｜÷Log｜(1＋q/100)
>   ÷(1＋p/100)｜
> 勤務費用（i）
> ＝勤務費用（p）×｜(1＋p/100)÷(1＋i/100)｜^{n}
> n＝Log｜勤務費用（p）÷勤務費用（q）｜÷Log｜(1＋q/100)÷(1＋p/100)｜

(3) 留意点

いずれの方法においても，実際の計算結果と補正計算で得た結果との間には大きな差が生じないよう，補正元となる複数の割引率に基づく退職給付債務の計算を行う際には，当該割引率の幅に留意することが必要です。

補正を行う際には，内分補正である必要があります。

例えば，2つの割引率（1％と1.5％）の退職給付債務の数値があった場合に，その範囲内にある割引率（例えば1.25％）の退職給付債務数値を補正によって求めることが望まれます。これを内分補正といいます。

一方，割引率1.75％の退職給付債務数値を求める場合であれば，これを外分補正といいます。外分補正の場合は，内分補正に比して精度が相対的に低くなります。

Q2-10 退職給付見込額の期間帰属

Q	給付算定式基準と期間定額基準の選択はどのように行えばよいですか。
A	優劣はありません。自由に選択することができます。ただし，いったん採用した方法は継続して適用しなければなりません。

解 説

1．退職給付見込額の期間帰属方法

退職給付見込額のうち期末までに発生したと認められる額の計算は，以下のいずれかの方法を選択適用することによってなされます。優劣は特になく，並列で認められている基準です。

なお，いったん採用した方法は，原則として継続して適用しなければなりません。

(1) 期間定額基準

退職給付見込額について全勤務期間で除した額を各期の発生額とする方法です。

なお，この全勤務期間には，給付額の計算の基礎として用いられていない試用期間，制度加入までの待期期間，制度発足前の勤務期間などの期間は含まれません。給付額の計算の基礎として用いられていない，ということがポイントです。

(2) 給付算定式基準

退職給付制度の給付算定式に従って各勤務期間に帰属させた給付に基づき見積った額を，退職給付見込額の各期の発生額とする方法です。

なお，この方法の場合，勤務期間の後期に給付算定式に従った給付が初期よりも著しく高い水準になるときは，当該期間の給付が均等に生じるとみなして補正した給付算定式（いわゆる均等補正）となります。

この，給付算定式による給付が著しく後加重か否かの判断は，個々の事情を

第2章　退職給付債務の計算方法を理解する　　*39*

踏まえて検討する必要があります。

２．後加重

退職給付会計基準第19項において，勤務期間の後期における給付算定式に従った給付が，初期よりも著しく高い水準となるときには，当該期間の給付が均等に生じるとみなして補正した給付算定式に従わなければならないと規定されています。

この当該期間については，退職給付適用指針第13項において以下のように規定されています。

① 従業員の勤務により，初めて退職給付を生じさせる日から（当該給付の支払が，将来のさらなる勤務を条件としているか否かに関係しない）

② それ以降の勤務により，それ以降の昇給の影響を除けば，重要な追加の退職給付が生じなくなる日まで

ただし，著しい後加重か否かの判断基準は，退職給付会計基準の中では示されていません。これは，IFRSなどにおいても，著しく後加重といえるのがどのような場合であるかが具体的に定められていないためです。

Q2-11 貸借対照表日前のデータ利用

Q	貸借対照表日前のデータ利用方法には，どのようなものがありますか。
A	実務への配慮から，２種類の方法が認められています。

解　説

１．退職給付債務計算のためのデータ等

退職給付債務は，貸借対照表日現在で計算されるため，原則として，退職給付債務を計算するためのデータや計算基礎は貸借対照表日現在のものを使用します。

データには，人事データ，給与データ等が含まれます。

40

2．貸借対照表日前のデータの利用方法

(1) 第1法

貸借対照表日前の一定日をデータ等の基準日（データ基準日といいます）および評価基準日として退職給付債務を算定し，データ基準日および評価基準日から貸借対照表日までの期間の勤務費用等を適切に調整する方法です。

データ基準日と評価基準日は同じで，かつ，貸借対照表日前の一定の日となります。

調整方法を計算式で表すと以下のようになります。

貸借対照表日の退職給付債務
＝調整前の退職給付債務（1＋割引率×n/12）
　＋評価基準日から翌1年間の勤務費用×n/12
　×1/（1＋割引率×《12−n》/12）−調整期間の給付支払額
貸借対照表日の翌期の勤務費用
＝評価基準日から翌1年間の勤務費用×（1＋割引率×n/12）

（注）　nは調整期間を表します。

(2) 第2法

データ基準日を貸借対照表日前の一定日とし，この一定日から貸借対照表日までの期間の退職者等の異動データを用いてデータ等を補正する方法です。

データ基準日は貸借対照表日前の一定日で，評価基準日は貸借対照表日となります。

調整方法を計算式で表すと以下のようになります。

貸借対照表日の退職給付債務
＝データ基準日のデータによる貸借対照表日の退職給付債務
　±異動データに係る退職給付債務
貸借対照表日の翌期の勤務費用
＝データ基準日のデータによる貸借対照表日の翌期の勤務費用
　±異動データに係る翌期の勤務費用

第2章　退職給付債務の計算方法を理解する　　*41*

⑶　留意事項

　第1法，第2法とも簡便法です。データ等の基準日から貸借対照表日までの間に重要なデータ等の変更が必要となる重要な事実があった場合には，再度，退職給付債務を計算し直す必要があります。

　貸借対照表日前の一定の日について，退職給付会計に関する数理実務基準（公益社団法人 日本年金数理人会，公益社団法人 日本アクチュアリー会）において，「日本では一般的にデータ等の基準日は期末の概ね1年前までとする実務が行われている」との記述があります。

　ただし，1年近く前のデータ等を使用することはあまりお勧めできるものではありません。

Q2-12　退職給付債務の自社計算

Q	退職給付債務を自社計算するにあたっての留意事項を教えてください。
A	会社担当者は退職給付債務のロジックを理解しておく必要があり，また，内部統制の観点から退職給付債務計算プロセスを構築しておく必要があります。自社計算のためのシステム導入にあたっては，検証可能性を十分考慮する必要があります。

解 説

1．自社計算の取組み

　退職給付債務の計算は，自社の決算の一環であるため，本来的には自社で行うべきものとなります。

　しかし，退職給付債務の計算には数理計算など専門的な知識と判断が必要であり，従業員数がかなりの数となった場合には，扱うべきデータ量も膨大になることも多いと思われるため，外部の専門家に計算を依頼している会社が非常に多い状況です。

　一方，退職給付債務について，自社の制度用にカスタマイズされたソフトを用いて，自社で計算をしている会社もあります。自社計算の場合は，シミュ

レーションがしやすく，来期の予算作成等にも便宜的な対応ができるというメリットがあります。

2．自社計算の留意事項

　退職給付債務の自社計算のためには，まず会社担当者が，退職給付債務の元データ等，退職給付債務のロジックについて理解しておく必要があります。退職給付債務の元データには，退職金規程等も含まれます。

　また，会社の実態の変化にソフトが対応できず，合理的な判断がなされないリスクがあるため留意が必要です。

　さらに，内部統制の観点から，退職給付債務計算プロセスを構築しておく必要があります。通常，経理部署と人事部署が連携して対応できるような体制の整備・運用が必要になります。

3．自社計算のためのシステム導入の留意事項

　退職給付債務の自社計算のためには，通常，膨大な量のデータ処理が必要になるため，何らかのシステム導入が必要になります。

　その際に，2で説明したとおり，内部統制の観点が重要です。さらに，退職給付債務の計算結果についてそのロジックや判断過程を検証できるか否かがポイントになります。

　予想昇給率，退職率や退職確率，期間定額基準や給付算定式基準，個々人の退職給付債務の計算，個々人の退職給付債務の合計等に関して検証できなければなりません。

第2章　退職給付債務の計算方法を理解する　　*43*

Q2-13 退職給付債務計算の外部委託

Q	外部へ計算を委託する場合の留意事項について教えてください。
A	人事データや計算基礎を用意する必要があります。内部統制上の対応も重要になります。

解 説

　外部委託する場合の留意事項は，丸投げではいけない，ということです。

　人事データや給与データ等が正しいデータであること（正確性と網羅性）を検証したうえで受託業者に提供する必要があります。

　割引率などの計算基礎も，適正なものであることを確認したうえで受託業者に提供する必要があります。

　また，受託業者選定も慎重に行うことも重要です。

　退職給付債務の計算結果についても，できれば検証できる状態で受け入れるべきです。それが困難な場合も想定されますが，その場合であってもデータの網羅性を検証のうえ，退職給付債務の増減と計算基礎の増減との整合性などを受託業者に確認することが必要です。

　これらは内部統制の観点からも非常に重要です。退職給付債務計算プロセスとして，適切に構築，整備，運用する必要があります。

第3章

退職給付会計の基本的な
処理を理解する

Point

- 退職給付会計においては連結財務諸表と個別財務諸表とで一部会計処理が異なります。
- 退職給付会計においては期首時点で当期の費用を予測します。
- 退職給付会計には，未認識数理計算上の差異，未認識過去勤務費用など独特の概念があります。

Q3-1　退職給付会計の仕組み

Q	退職給付会計の実務の一般的な流れを教えてください。
A	期首・期中・期末（翌期首）の処理とその繰り返しとなります。

解　説

　退職給付会計では，予測値と実績値を期首，期中，期末（翌期首）で使い分けて会計処理していきます。

1．退職給付会計の実務の一般的な流れ

　退職給付会計の実務の一般的な流れは，期首，期中，期末（翌期首）の処理とその繰り返しとなります。

図表3-1　　退職給付会計の実務の一般的な流れ

①期首	期首の退職給付債務の計算

②期中	期首の予測に基づく当期の会計処理

③期末	期末（翌期首）の退職給付債務の計算および数理計算上の差異等の把握

2．退職給付会計の具体的な手順

⑴　期首における手順

　期首においては，期首時点における退職給付債務を計算し，あわせて当期における勤務費用も計算します。この勤務費用はあくまで予測の計算ということになります。

⑵　期中における手順

　期中においては，期首における予測計算の結果である勤務費用を上場会社であれば月次または3か月ごとに計上することになります。

　退職金の支払や年金掛金の拠出については，実績の金額で発生のつど，会計処理を行います。

　期中においては，予測による会計処理と実績による会計処理が混在することになります。

⑶　期末における手順

　期末においては，期末における退職給付債務を改めて計算します。勤務費用等は予測数値なので，予測の結果と実績の結果は必ず異なるため，差異が生じます。

　この差異のことを数理計算上の差異といいます。数理計算上の差異は，一般的には発生の翌事業年度から費用処理することになります。

　翌期以降は，図表3－1の②③を繰り返すことになります。

図表 3-2　退職給付会計のイメージ図

退職給付に係る負債（連結）

年金資産 （期待運用収益） 未認識数理計算上の 差異 未認識過去勤務費用 数理計算上の差異 の費用処理額 過去勤務費用の 費用処理額	退職給付債務 ｛勤務費用 ｛利息費用
退職給付に係る負債 または 退職給付に係る資産	未認識数理計算上の 差異 未認識過去勤務費用

退職給付引当金（個別）

年金資産 （期待運用収益） 未認識数理計算上の 差異 未認識過去勤務費用 数理計算上の差異 の費用処理額 過去勤務費用の 費用処理額	退職給付債務 ｛勤務費用 ｛利息費用 退職給付引当金 または 前払年金費用
	未認識数理計算上の 差異 未認識過去勤務費用

Q3-2　退職給付会計における連結と個別の違い

Q	退職給付会計では，連結財務諸表と個別財務諸表とでどのような会計処理の違いがありますか。
A	未認識数理計算上の差異および未認識過去勤務費用の処理方法，勘定科目の名称等について違いがあります。

解 説

　平成24年改正退職給付会計基準等の一部は，連結財務諸表のみの適用であり，個別財務諸表での扱いは従来どおりとする，いわゆる「連結先行」の考え方が含まれる会計基準となっています。

1．未認識数理計算上の差異および未認識過去勤務費用の処理方法

(1)　数理計算上の差異および未認識過去勤務費用の発生

　連結財務諸表においては，数理計算上の差異および過去勤務費用が発生した

場合，その他の包括利益を通じて即時認識されます。

　一方，個別財務諸表においては，数理計算上の差異および過去勤務費用が発生した場合，仕訳は生じません。

　連結財務諸表，個別財務諸表のいずれにおいても，数理計算上の差異および過去勤務費用の発生時においては，損益計算書の当期純利益には影響を与えません（発生時に即時費用処理のケースもあるので注意してください）。

(2)　数理計算上の差異等の費用処理

　連結財務諸表においては，数理計算上の差異等を費用処理した場合，退職給付費用が発生し，同額のその他の包括利益が増加または減少します。費用処理の前後で退職給付に係る負債の金額は変わりません。

　個別財務諸表においては，数理計算上の差異等を費用処理した場合，退職給付費用が発生し，同額の退職給付引当金が増加（または減少）します。

　詳細は，「Q3-7　数理計算上の差異の取扱い（連結，個別）」に詳しく記載しています。

2．勘定科目の名称等

　勘定科目の名称等については，連結財務諸表と個別財務諸表で，図表3-3のような違いがあります。

| 図表3-3 | 勘定科目の名称等（連結，個別） |

			連結	個別
貸借対照表	積立状況を示す額[※1]	負債の場合	【固定負債】「退職給付に係る負債」	【固定負債】「退職給付引当金」
		資産の場合	【固定資産】（投資その他の資産）「退職給付に係る資産」	【固定資産】（投資その他の資産）「前払年金費用」
	未認識数理計算上の差異未認識過去勤務費用		【純資産】（その他の包括利益累計額）「退職給付に係る調整累計額」	
損益計算書			【売上原価】の一部または【販売費及び一般管理費】[※2]「退職給付費用」	
包括利益計算書			【その他の包括利益】「退職給付に係る調整額」	

（※1）連結：退職給付債務－年金資産
　　　　個別：退職給付債務－年金資産±未認識項目
（※2）その金額が重要であると認められるときには特別損益として計上できる場合がある。

　連結貸借対照表では「退職給付に係る負債」,「退職給付に係る資産」という勘定科目名であるのに対し，個別貸借対照表では「退職給付引当金」,「前払年金費用」と勘定科目名が異なるのは，数理計算上の差異等の取扱いが異なっていることを明確にするため，および連結上では引当金の要件に合致しないためです。

　実務上は，連結修正仕訳において，勘定科目名を組み替えることにより対応することになると考えられます。

第3章　退職給付会計の基本的な処理を理解する　　*51*

Q3-3 退職給付費用の項目

Q	退職給付費用として会計処理されるものにはどのような項目がありますか。
A	退職給付費用は，勤務費用，利息費用，期待運用収益，過去勤務費用の費用処理額，数理計算上の差異の費用処理額等から構成されます。

解 説

退職給付に係る当期の負担に属する会計上の費用を退職給付費用といいます。

1．勤務費用

退職給付費用の代表的な構成要素の1つとして，勤務費用が挙げられます。

勤務費用とは，一期間の労働の対価として発生したと認められる退職給付をいいます。退職給付は，勤務期間を通じた労働の提供に伴って発生するものと捉えられるので，その発生した各期間に費用を配分し，認識することが必要になります。こうして計算された各期への費用の配分額が，勤務費用ということになります。

通常は，期首時点において当期の勤務費用を計算します。四半期決算では，その4分の1ずつを費用計上することとなります。

勤務費用は，退職給付債務から生じる費用です。

2．利息費用

勤務費用と並ぶ退職給付費用の代表的な構成要素の1つとして，利息費用が挙げられます。利息費用とは，割引計算により算定された期首時点における退職給付債務について，期末までの時の経過により発生する計算上の利息のことです。

利息費用を算出するための計算式は，以下のようになります。

> 当期の利息費用＝期首における退職給付債務×一定の割引率

期首において当期の利息費用を計算し，四半期決算においては，その額の4

分の1ずつを費用計上することになります。

利息費用は，退職給付債務から生じる費用です。

3．期待運用収益

期待運用収益とは，企業年金制度における年金資産の運用により生じると合理的に期待される計算上の収益をいいます。

期待運用収益を算出するための計算式は，以下のようになります。

当期の期待運用収益＝期首の年金資産額（時価）×長期期待運用収益率

期首において当期の期待運用収益を計算します。四半期決算においては，その額の4分の1ずつを費用計上することになります。

期待運用収益は，退職給付債務からではなく，年金資産から生じる費用です。通常は退職給付費用の控除項目になります。

期待運用収益については，「Q3-10　期待運用収益の計算方法と数理計算上の差異」にも記載しています。

4．過去勤務費用の費用処理額

過去勤務費用とは，退職給付会計における用語であり，退職給付水準の改訂等に起因して発生した退職給付債務の増加または減少部分をいいます。過去勤務費用は，退職給付制度の改訂のつど発生し，発生時から従業員の平均残存勤務期間以内の一定の年数にわたり費用処理されます。

過去勤務費用は，退職給付債務から生じる項目です。

過去勤務費用については，「Q3-8　過去勤務費用の取扱い（連結，個別）」で詳しく解説しています。

5．数理計算上の差異の費用処理額

退職給付債務や退職給付費用を算定する際には，昇給率や退職率，長期期待運用収益率等の計算基礎の見積りが必要になります。数理計算上の差異には，これらの計算基礎による見積りと各事業年度における実際の数値との差異と，計算基礎を変更した場合に生じる差異があります。

第3章　退職給付会計の基本的な処理を理解する　　*53*

発生年度または発生年度の翌年から，従業員の平均残存勤務期間以内の一定の年数にわたり費用処理されます。毎期末（換言すれば毎期首）発生するものです。

数理計算上の差異は，退職給付債務および年金資産の双方から生じる項目です。

数理計算上の差異については，「Q3-7　数理計算上の差異の取扱い（連結，個別）」で詳しく解説しています。

Q3-4　退職給付債務と年金資産

Q	退職給付債務と年金資産の会計処理について教えてください。
A	退職給付債務と年金資産はそれぞれ別個に算定した後，純額で貸借対照表に計上されます。

解　説

将来の退職給付のうち当期の負担に属する額を当期の費用として引当金に繰り入れ，この引当金の残高を貸借対照表の負債の部に計上することが，企業会計原則に基づく基本的な考え方です（個別決算上）。

退職給付会計は，このような発生主義の考え方に則っています。

しかし，発生主義の考え方に則っているものの，退職給付債務から年金資産を控除した純額による引当金計上を行っているという点で特徴的といえます。

1．退職給付債務

退職給付債務とは，退職給付のうち，認識時点までに発生していると認められる部分を割り引いたものをいいます。

退職給付債務の大まかな計算手順は以下のとおりです。

(1)　退職給付見込額の算定

退職時に見込まれる退職給付の総額（退職給付見込額）を見積ります。

期末時点の退職給付に関する要支給額のみに基づいて将来の退職給付を見積ることは，退職給付の実態を適切に反映しているとはいえません。

したがって，退職給付見込額を算出する際には，退職時までに合理的に見込まれる退職給付の変動要因を考慮し，期待値として計算することになります。

退職給付見込額＝予想退職時見積給与×（支給倍率×退職確率）

(2) 退職給付見込額の各年度への按分

退職給付の総額（退職給付見込額）について合理的な方法により各期に按分します。

退職給付見込額について各期に按分する際に，言い換えれば退職給付費用（ここでは「勤務費用」のことです）の各期の発生額を見積る際には，2つの方法があります。

1つは，退職給付見込額について全勤務期間で除した額を各期の発生額とする方法（期間定額基準），もう1つは，退職給付制度の給付算定式に従って各勤務期間に帰属させた給付に基づき見積った額を退職給付見込額の各期の発生額とする方法（給付算定式基準）です。

期間定額基準の場合，例えば以下のようになります。

$$\text{退職給付見込額のうち現在までの発生額} = \text{退職給付見込額} \times \frac{\text{現在までの勤続年数}}{\text{全勤務期間}}$$

(3) 割引現在価値の算定

(2)の金額を一定の割引率および予想される退職時から現在までの期間に基づき現在価値額に割り引きます（現価方式）。

退職給付は支出までに相当の期間があることから，退職給付債務および退職給付費用の計算方法は，一定の割引率および予想される退職時から現在までの期間に基づき，現在価値に割り引く現価方式となります。

第3章 退職給付会計の基本的な処理を理解する **55**

2．年金資産

年金資産とは，特定の退職給付制度のために，その制度について企業と従業員との契約（退職金規程等）等に基づき積み立てられた，以下のすべてを満たす特定の資産をいいます。

---

(1) 退職給付以外に使用できないこと
(2) 事業主および事業主の債権者から法的に分離されていること
(3) 積立超過分を除き，事業主への返還，事業主からの解約・目的外の払出し等が禁止されていること
(4) 資産を事業主の資産と交換できないこと

企業年金制度を採用している場合，企業の外部に積み立てられている年金資産が存在します。この年金資産は，退職給付の支払のためにのみ使用されるものであり，他の一般の資産のように企業の貸借対照表に計上されるべき性質のものではありません。

そのため，年金資産の額は公正な評価額により測定し，この金額を退職給付債務から控除し，退職給付引当金の額を算出することになります。換言すると，退職給付債務から年金資産を差し引いた純額が退職給付引当金であるといえます。

また，退職給付引当金の金額は，企業が将来負担すべきもので現在不足している金額ともいえます。

Q3-5 退職給付会計における連結決算

Q	連結財務諸表上，親会社や連結子会社で必要な会計処理について教えてください。
A	連結子会社に非支配株主持分が存在する場合には，連結上，未認識項目についての退職給付に係る調整額のうち非支配株主持分に相当する額は非支配株主持分への振替を行います。

解 説

　退職給付会計は，連結財務諸表と個別財務諸表とで数理計算上の差異等について会計処理が異なります。

　ここでは，連結財務諸表を作成するために必要な，個別財務諸表からの連結修正仕訳について解説します。

設例3-1　連結修正仕訳

前提条件

　連結子会社1社（持分割合70%），税率40%，X1期に連結子会社に数理計算上の差異200（不利差異）が発生したとする。また，数理計算上の差異の費用処理年数は10年とする。

会計処理

1．X1期会計年度末の仕訳

① 連結子会社における仕訳

　仕訳なし

　個別財務諸表においては，数理計算上の差異は遅延認識を行うため，数理計算上の差異の発生時に仕訳は生じません。

② 連結修正仕訳

（借）	退職給付に係る調整額 （その他の包括利益）	200	（貸）	退職給付に係る負債	200
（借）	繰延税金資産	[※1]80	（貸）	退職給付に係る調整額 （その他の包括利益）	80
（借）	非支配株主持分	[※2]36	（貸）	退職給付に係る調整額 （その他の包括利益）	36

（※1）　$200 \times 40\% = 80$
（※2）　$(200 - 80) \times 30\% = 36$

　一方，連結財務諸表においては，数理計算上の差異は即時認識を行うため，連結修正仕訳が生じます。

　また，繰延税金資産の回収可能性があると判断された場合，繰延税金資産を認識します。

　同時に，非支配株主が存在する場合，連結子会社の数理計算上の差異のうち，非

第3章　退職給付会計の基本的な処理を理解する　　*57*

支配株主持分相当を非支配株主持分へ振り替えます。

2．X2期会計年度末の仕訳

①　連結子会社における仕訳

| （借） | 退 職 給 付 費 用 | 20 | （貸） | 退職給付引当金 | 20 |

　個別財務諸表においては，数理計算上の差異について，一定の年数以内で規則的に費用処理します。

②　連結修正仕訳

（借）	退職給付引当金	20	（貸）	退職給付に係る負債	20
（借）	退職給付に係る負債	20	（貸）	退 職 給 付 費 用	20
（借）	退 職 給 付 費 用	[※1]20	（貸）	退職給付に係る調整額 （その他の包括利益）	20
（借）	退職給付に係る調整額 （その他の包括利益）	8	（貸）	法人税等調整額	[※2]8
（借）	退職給付に係る調整額 （その他の包括利益）	3.6	（貸）	非支配株主持分	[※3]3.6

（※1）　$200 \times \dfrac{1}{10} = 20$

（※2）　$20 \times 40\% = 8$

（※3）　$(20 - 8) \times 30\% = 3.6$

　まず，退職給付引当金は個別財務諸表における科目なので，退職給付に係る負債に振り替えます。

　連結財務諸表においては，数理計算上の差異は X1期にすでに全額認識済みのため，X2期において個別財務諸表で認識した数理計算上の差異20を取り消す仕訳を行います。

　結果として，個別財務諸表上の仕訳を取り消すことになり，最初の2行の仕訳は以下の1行で表すことができます。

| （借） | 退職給付引当金 | 20 | （貸） | 退 職 給 付 費 用 | 20 |

　次に，連結財務諸表上は組替調整が必要となるため，費用計上の仕訳を行います。

　さらに，組替調整に伴う税効果の仕訳と，非支配株主持分への振替えを行います。

Q3-6 連結会社間における会計方針の統一

Q
計算基礎，数理計算上の差異や過去勤務費用の費用処理年数および費用処理方法，退職給付見込額の期間帰属方法について，連結会社（親会社および子会社）において統一すべきものと統一の必要はないものを教えてください。

A
原則として統一が求められますが，統一することについて合理性のないもの，例えば，各連結子会社で前提条件が異なる性質のものについては，必ずしも連結会社間での統一は求められません。

解説

連結財務諸表作成にあたっては，同一環境下で行われた同一の性質の取引等について，連結会社（親会社および子会社）が採用する会計処理の原則および手続は，原則として統一することとされています。

ここでは，それぞれの項目について，連結会社間における会計方針の統一の必要性について解説します。

1. 計算基礎

退職率，予想昇給率等は，各会社によって異なるのが通常であり，統一することは求められません。

期待運用収益率は，保有している年金資産のポートフォリオや過去の運用実績，運用方針が異なれば各会社によって異なると考えられるため，統一することは求められません。

割引率は，退職給付支払ごとの支払見込期間を反映するものでなければならないため，その前提が異なるのであれば，統一することは求められません。

2. 過去勤務費用および数理計算上の差異の費用処理年数

過去勤務費用について，給付水準の改訂等の効果の及ぶ期間は，各会社によって異なるのが通常であると考えられるため，費用処理年数を統一すること

は求められません。

　また，数理計算上の差異については，予測数値の修正も含まれることから，平均残存勤務期間以内の一定の年数で費用処理することとされており，この点から費用処理年数を統一することは求められません。

3．過去勤務費用および数理計算上の差異の費用処理方法

　過去勤務費用および数理計算上の差異は，発生年度に費用処理する方法，平均残存勤務期間以内の一定の年数で費用処理する方法（定額法）のほか，未認識過去勤務費用および未認識数理計算上の差異の一定割合を費用処理する方法（定率法）によることもできます。

　ここで，過去勤務費用および数理計算上の差異の費用処理方法は，会計方針として選択適用されるものであるため，本来は連結会社間で統一することが望ましいと考えられます。

　しかし，財務諸表に与える影響や連結上の事務処理の効率性を考慮し，統一しないことも認められます。

4．退職給付見込額の期間帰属方法

　退職給付見込額の期間帰属方法としては，退職給付見込額について全勤務期間で除した額を各期の発生額とする方法（期間定額基準）と，退職給付制度の給付算定式に従って各勤務期間に帰属させた給付に基づき見積った額を，退職給付見込額の各期の発生額とする方法（給付算定式基準）の2つの方法の選択適用が認められています。

　退職給付見込額の期間帰属方法の選択は，会計方針の選択適用に当たるため，本来は連結会社間で統一すべきであると考えられます。

　しかし，財務諸表に与える影響や連結上の事務処理の効率性を考慮し，統一しないことも認められます。

5．在外子会社の数理計算上の差異の費用処理方法

　在外子会社において，退職給付会計における数理計算上の差異を組替調整せず費用処理しない場合には，連結決算上，平均残存勤務期間以内の一定の年数

で規則的に費用処理するように修正します。

Q3-7 数理計算上の差異の取扱い（連結，個別）

Q	数理計算上の差異の取扱いは連結財務諸表と個別財務諸表とでどのように違うのですか。
A	数理計算上の差異は，連結では発生時にその他の包括利益を通じて即時認識された後に組替調整を行うのに対し，個別では発生時には未認識となりますが，その後，規則的な費用処理を行います。

解説

1．数理計算上の差異（概要）

⑴ 数理計算上の差異，未認識数理計算上の差異

　退職給付債務や退職給付費用を算定する際には，昇給率や退職率，期待運用収益率等の計算基礎の見積りが必要になります。数理計算上の差異には，これらの計算基礎による見積りと各事業年度における実際の数値との差異と，計算基礎を変更した場合に生じる差異があります。

　このうち，損益計算書において費用処理されていないものを未認識数理計算上の差異といいます。

⑵ 数理計算上の差異の費用処理方法

　数理計算上の差異は，原則として各期の発生額について平均残存勤務期間以内の一定の年数で按分した額を毎期費用処理します。

　なお，数理計算上の差異については，未認識数理計算上の差異の残高の一定割合を費用処理する方法によることもできます。この場合，費用処理期間内に概ね90％が費用処理されるように一定割合を決定します。

⑶ 数理計算上の差異の費用処理の開始時期

　数理計算上の差異の費用処理の開始時期は，原則として発生時からとなりま

第3章 退職給付会計の基本的な処理を理解する　*61*

すが，実務上の便宜を考慮し，当期の数理計算上の差異の発生額を翌期から費用処理する方法を採用することができます。

　Q3-2で述べたとおり，数理計算上の差異の発生時において，連結ではその他の包括利益を通じて即時認識されるのに対し，個別では未認識となります。
　その後，連結では組替調整を行うことにより損益に影響させるのに対し，個別では負債計上とあわせて費用処理を行うことにより損益に影響させます。
　ここでは，仕訳を用いて，数理計算上の差異の取扱いを見ていきます。

2．連結における会計処理
(1)　数理計算上の差異の発生時

(借)　退職給付に係る調整額	×××　(貸)　退職給付に係る負債	×××
（その他の包括利益）		

(2)　数理計算上の差異の費用処理時

(借)　退 職 給 付 費 用	×××　(貸)　退職給付に係る調整額	×××
	（その他の包括利益）	

　その他の包括利益累計額の中にいったん計上された数理計算上の差異が，費用処理年数に応じて徐々に退職給付費用に振り替えられ，当期純利益を構成する項目になります。これを，組替調整といいます。
　組替調整のイメージは，図表3-4のとおりです。

| 図表 3 - 4 | 組替調整のイメージ |

連結貸借対照表

資産	負債
	退職給付に係る負債
	純資産
	△利益剰余金
	△その他の包括利益累計額

組替調整

3．個別における会計処理

(1) 数理計算上の差異の発生時

> 仕訳なし

(2) 数理計算上の差異の費用処理時

> （借）退職給付費用　　　×××　（貸）退職給付引当金　　　×××

　個別では，未認識数理計算上の差異を認識し費用処理すると退職給付費用が発生し，同額の退職給付引当金が増加（または減少）します。

第3章　退職給付会計の基本的な処理を理解する　　*63*

Q3-8 過去勤務費用の取扱い（連結，個別）

Q	過去勤務費用の取扱いは連結財務諸表と個別財務諸表とでどのように違うのですか。
A	過去勤務費用は，連結では発生時にその他の包括利益を通じて即時認識された後に組替調整を行うのに対し，個別では発生時には未認識となりますが，その後，規則的な費用処理を行います。

解 説

過去勤務費用の費用処理額は，Q3-3で解説した退職給付費用の項目の1つです。ここでは，過去勤務費用の定義，性質，会計処理方法，および連結と個別との相違について解説します。

1．過去勤務費用（概要）

⑴ 過去勤務費用および未認識過去勤務費用

過去勤務費用とは，退職給付会計における用語であり，退職給付水準の改訂（退職給付制度の改訂ではないので留意してください）等に起因して発生した退職給付債務の増加または減少部分をいいます。過去勤務費用は退職給付水準の改訂のつど発生します。

このうち，損益計算書上で費用処理されていないものを未認識過去勤務費用といいます。

なお，退職給付制度間の移行等については，Q4-5を参照してください。

⑵ 過去勤務費用の費用処理方法

過去勤務費用は，原則として各期の発生額について，平均残存勤務期間以内の一定の年数で按分した額を毎期費用処理します。

過去勤務費用については，未認識過去勤務費用の残高の一定割合を費用処理する方法によることができます。この場合，費用処理期間内に概ね90％が費用処理されるように一定割合を決定します。

なお，過去勤務費用のうち，退職従業員に係る部分は，発生時に全額費用処理することができます。

(3) 過去勤務費用の費用処理科目

過去勤務費用の費用処理額は，退職給付費用として，原則として売上原価または販売費及び一般管理費に計上されます。

ただし，過去勤務費用を発生時に全額費用処理するケースで，その金額が重要な場合，当該金額を特別損益として計上することができます（退職給付会計基準28）。

(4) 過去勤務費用の費用処理開始時期

過去勤務費用の費用処理開始時期は，過去勤務費用の発生原因となった退職金規程等の改訂日からとなります。改訂日が期中である場合は，改訂日から期末日まで，月割計算などにより未認識過去勤務費用の費用処理を行う必要があります。

退職金規程等の改訂日が当期で，施行日が翌期であるケースであっても，改訂日からの費用処理となります。

なお，数理計算上の差異のように，発生の翌期からの費用処理は認められていません。

２．連結における会計処理

(1) 過去勤務費用の発生時

(借)	退職給付に係る調整額 （その他の包括利益）	×××	(貸)	退職給付に係る負債	×××

(2) 過去勤務費用の費用処理時

(借)	退職給付費用	×××	(貸)	退職給付に係る調整額 （その他の包括利益）	×××

その他の包括利益累計額の中にいったん計上された過去勤務費用が，費用処理年数に応じて徐々に退職給付費用に振り替えられ，当期純利益を構成する項

第3章 退職給付会計の基本的な処理を理解する 65

| 図表3-5 | 組替調整のイメージ |

連結貸借対照表

資産	負債
	退職給付に係る負債
	純資産
	△利益剰余金
	△その他の包括利益累計額

組替調整

目になります。これを，組替調整といいます。

組替調整のイメージは，図表3-5のとおりです。

3．個別における会計処理

(1) 過去勤務費用の発生時

仕訳なし

(2) 過去勤務費用の費用処理時

（借）退 職 給 付 費 用　　　×××　（貸）退職給付引当金　　　×××

個別では，未認識過去勤務費用を認識し費用処理すると退職給付費用が発生

し，同額の退職給付引当金が増加（または減少）します。

Q3-9 未認識数理計算上の差異と未認識過去勤務費用の費用 処理年数の変更

Q	未認識数理計算上の差異と未認識過去勤務費用の費用処理年数を変更することはできますか。
A	基本的に変更はできません。一度決めた年数を継続的に適用する必要があります。 変更が認められる合理的な理由として，例えばリストラによる従業員の大量退職により，平均残存勤務期間が費用処理年数より短くなった場合等が挙げられます。

解 説

　未認識数理計算上の差異および未認識過去勤務費用の費用処理については複数の方法が認められていますが（詳細はＱ3-7，Ｑ3-8参照），一度決めた費用処理年数は継続的に適用する必要があります。したがって，適用している費用処理年数を変更する場合には合理的な変更理由が必要となります。

１．未認識数理計算上の差異と未認識過去勤務費用の費用処理年数の変更が原則としてできない理由

　未認識数理計算上の差異と未認識過去勤務費用の費用処理年数・処理方法についてはそれぞれ複数のものが認められており，各企業が発生時に選択することができます。したがって，一度選択した費用処理年数・処理方法を合理的な理由なしに変更できることになれば，適切な期間損益計算を妨げ，利益操作にまでつながるおそれがあります。

　こうした理由から，合理的な理由のない費用処理年数の変更は認められていません。

２．未認識数理計算上の差異と未認識過去勤務費用の費用処理年数の変更が認められる合理的な理由

　合理的な理由として認められる例としては，リストラクチャリングにより従

業員が大量退職し，その結果として平均残存勤務期間がこれまで採用していた費用処理年数よりも短く，または，長くなった場合が挙げられます。

3．費用処理年数の変更が認められる合理的な理由とはいえない場合

　ここで注意しなければならないのは，合理的な理由とはいえない費用処理方法等の変更が行われるケースが起きているということです。背景としては，金利の低迷が考えられます。当初想定していたよりも年金資産の運用実績が上がらず，数理計算上の差異が多額に発生してしまい，従来の費用処理年数で処理すると費用額の期間損益に与える影響が大きくなるため，それを避けるために費用処理年数を延ばそうとする企業があります。こうした経済環境の変化は，それだけでは正当な理由とはならないため注意が必要です。

　また，費用処理年数自体は変更しなくても，定額法と定率法との間の変更や，費用処理の開始時期を従来と変更することも考えられますが，合理的な理由を挙げることは難しいと考えられます。

4．未認識数理計算上の差異および未認識過去勤務費用の費用処理年数を変更する場合の会計処理

　平均残存勤務期間を費用処理年数として採用している場合で平均残存勤務期間が短縮または延長となったときは，以下の会計処理が必要となります。

⑴　費用処理年数の短縮

①　定額法

　未認識数理計算上の差異の期首残高を「短縮後の平均残存勤務期間－すでに経過した期間」で費用処理します。ただし，短縮後の平均残存勤務期間がすでに経過した期間を下回る場合には，期首残高のすべてを一括費用処理します。

②　定率法

　未認識数理計算上の差異の期首残高に短縮後の費用処理年数に基づく定率を乗じた額を費用処理します。

(2) 費用処理年数の延長

未認識数理計算上の差異の期首残高については，従来の平均残存勤務期間で費用処理します。

当年度に発生した数理計算上の差異については，変更後の費用処理年数で費用処理します。

5．数理計算上の差異や過去勤務費用の費用処理年数の変更の取扱い

(1) 数理計算上の差異や過去勤務費用が発生した期に全額を費用処理する方法を採用している会社

このような会社の場合，費用処理年数の変更という問題は生じないと考えられます。

(2) 数理計算上の差異や過去勤務費用の費用処理年数を平均残存勤務期間以内の一定の年数としている会社

大量退職などが原因ですでに採用している費用処理年数より平均残存勤務期間が短縮される場合には見積りの変更となります。

その他の合理的な理由がある場合（なかなか想定は難しいですが）に費用処理年数を変更するときは，会計方針の変更になると考えられます。

第3章　退職給付会計の基本的な処理を理解する　　*69*

Q3-10　期待運用収益の計算方法と数理計算上の差異

Q	期待運用収益と実際の運用収益に差が生じた場合，どのような会計処理が必要ですか。
A	期末時点で数理計算上の差異として認識し，一定の方法により費用処理します。

解 説

　期末時点の年金資産の額は，期末における公正な評価額（時価）により計算されます。期中から期末にかけては，期首の年金資産残高に長期期待運用収益率を乗じた期待運用収益（退職給付費用のマイナス）が加算された額が年金資産としてみなされます。

　数理計算上の差異は，Ｑ3-7に記載されたとおりの方法で会計処理します。

1．期待運用収益の計算方法

　期待運用収益とは，企業年金制度における年金資産の運用により生じると期待される収益で，退職給付費用の計算において勤務費用や利息費用から控除される額をいいます。期待運用収益は，原則として期首の年金資産残高に長期期待運用収益率を乗じて計算します。ただし，期中において年金資産に重要な変動があった場合には，計算に反映させる必要があります。

2．数理計算上の差異の把握

　期首の年金資産額に，期首の年金資産額に長期期待運用収益率を乗じた期待運用収益を加算した年金資産額と期末における年金資産の時価との差が，数理計算上の差異になります。

　この数理計算上の差異は，年金資産から生じたもので，退職給付債務から生じたものではありません。

70

設例 3 - 2　年金資産から生じた数理計算上の差異の処理

前提条件

- 期首における年金資産の時価1,000
- 長期期待運用収益率 1 %
- 当期に企業年金制度に対して拠出20
- 当期に企業年金制度から従業員に対して支払15
- 期末における年金資産の時価1,035
- 数理計算上の差異の費用処理は発生の翌期から10年の定額法

計算

① 期待運用収益　1,000× 1 % ＝ 10

② 計算上の当期末年金資産額　1,000＋20＋10－15＝1,015

③ 数理計算上の差異の発生　1,035－1,015＝20（有利差異）

④ 数理計算上の差異の翌期費用処理額　20× 1 /10＝ 2

会計処理

１．当期（数理計算上の差異の発生）

① 個別財務諸表

> 仕訳なし

　個別財務諸表においては，数理計算上の差異は発生年度の翌年度から費用処理する前提となっているため，仕訳は不要です。

② 連結財務諸表

> （借）　退職給付に係る負債　　　　　　20　（貸）　退職給付に係る調整額　　　20
> 　　　　　　　　　　　　　　　　　　　　　　　　（その他の包括利益）

　連結財務諸表においては，当期に発生した数理計算上の差異を一度に認識します。

２．翌期（数理計算上の差異の費用処理）

① 個別財務諸表

> （借）　退職給付引当金　　　　　　　　 2　（貸）　退職給付費用　　　　　　　 2

　個別財務諸表においては，当期に発生した数理計算上の差異を翌期から10年間に

第3章　退職給付会計の基本的な処理を理解する　*71*

わたり費用処理します。数理計算上の差異は有利差異となっているため，マイナスの退職給付費用となります。

② 連結財務諸表

＜個別財務諸表上の処理の振戻し（連結修正仕訳）＞

| （借） | 退職給付に係る負債 | 2 | （貸） | 退職給付引当金 | 2 |
| （借） | 退 職 給 付 費 用 | 2 | （貸） | 退職給付に係る負債 | 2 |

　連結財務諸表においては，数理計算上の差異を発生時に全額計上しているため個別財務諸表で計上した仕訳を取り消します。

＜組替調整の処理＞

| （借） | 退職給付に係る調整額
（その他の包括利益） | 2 | （貸） | 退 職 給 付 費 用 | 2 |

Q3-11　長期期待運用収益率

Q	長期期待運用収益率はどのように決めるのですか。
A	退職給付の支払いに充当されるまでの期間，年金資産のポートフォリオ，過去の運用実績，運用方針や市場動向を加味して決定します。

解 説

1．長期期待運用収益率の定義

　長期期待運用収益率とは，各事業年度において，期首の年金資産額について合理的に期待される収益額の当該年金資産額に対する比率をいいます。期首の年金資産の額に，この長期期待運用収益率を乗じることにより，期待運用収益が算定されます。

2．長期期待運用収益率の決定

　長期期待運用収益率は，例えば，退職給付の支払に充当されるまでの期間，年金資産のポートフォリオ，過去の運用実績，運用方針や市場動向等といった

さまざまな要因を加味して決定されます。

3．長期期待運用収益率設定時の具体的な考慮事項

　長期期待運用収益率は，年金資産が退職給付の支払に充てられるまでの時期を考慮して設定します。当然長期間になりますが，この点を強調するため，「長期」期待運用収益率という名称になっています。

　長期期待運用収益率は，保有している年金資産のポートフォリオ，過去の運用実績，将来の運用方法，市場の動向等を考慮して決定することとされています。具体的には，運用受託機関等からの過去の運用成果の報告・予測として提示される長期期待運用収益率，有価証券の時価評価利回り等を考慮して設定することが考えられます。

　同一事業主が複数の退職給付制度を採用している場合は，長期期待運用収益率も同一であることが原則ですが，各制度の年金資産のポートフォリオまたは運用方針等が異なる場合については，退職給付制度ごとに異なる長期期待運用収益率を採用することもできます。

　単一の退職給付制度で各年金ファンドが保有している年金資産のポートフォリオや運用方針等が異なる場合には，個々の年金ファンドの長期期待運用収益率の加重平均値等により，合理的な期待値を算定することが考えられます。

　退職給付信託を設定している場合は，企業が保有する持合株式を信託する等，他の年金ファンドとはポートフォリオや運用方針等が異なる場合が一般的です。

　退職給付信託の年金資産が株式の場合には，過去の実績から合理的な見積りが容易なものは配当金のみとなりますが，期待運用収益の算定が困難なときにはこれを見積らずに，当年度の実績運用損益を数理計算上の差異として処理することも考えられます。また，株式市況の低迷時には，長期期待運用収益率のマイナス値である予想運用損失率を見積ることも考えられます。

4．留意事項

　Q3-10に記載したとおり，期待運用収益とは，企業年金制度における年金資産の運用により生じると期待される収益で，退職給付費用の計算において控除される額をいいます。したがって，長期期待運用収益率を高めに設定すれば，

第3章　退職給付会計の基本的な処理を理解する　　*73*

退職給付費用を少なく計上することになり，反対に低めに設定すれば退職給付費用は多く計上されます。このように長期期待運用収益率の設定によって損益に影響を及ぼすことになるため，長期期待運用収益率は合理的に設定されなければなりません。

　長期期待運用収益率の変更の要否については，計算基礎についての重要性による判断が認められていることから，長期期待運用収益率の変更が当期損益に与える影響額を把握し，その影響額に重要性がない場合には見直さないことができます。

　ここで，重要性がどの程度のものかについては退職給付会計基準，退職給付適用指針，退職給付会計実務基準のいずれにも具体的に記載されていません。

　したがって，退職給付適用指針第98項において，年金資産が将来の退職給付の支払に充てるために積み立てられ，長期的に運用されている点，長期期待運用収益率の計算は，退職給付の支払に充てられるまでの期間にわたる期待に基づくことを明らかにしている点をふまえると，長期的な観点から考慮される割引率の見直しの基準が参考になると思われます。

74

> **コラム** 退職給付会計の移り変わり

退職給付会計の基準は何回も改訂されています。その概要を整理しておきます。

1 退職給与引当金

(1) 従来の退職給与引当金

平成12年（いわゆる会計ビッグバン）に本格的に退職給付会計が導入される前においては，「退職給与引当金」会計でした。

この「退職給与引当金」会計は，企業の退職給付制度のうち，退職一時金制度を対象にした会計で，企業年金制度は対象ではありませんでした。

さらに，退職給与引当金の計上方法として，期末要支給額方式，将来支給額予測方式，現価方式，税法基準等があり，その選択は各企業に任せられていました。

(2) 税務上の退職給与引当金

平成15年に，複数の経過措置は設けられましたが，税務上の退職給与引当金が廃止されました。退職給付費用は税務上損金として認められなくなり，退職金等の実際の支給時に損金算入されるようになりました。

2 退職給付引当金

(1) 退職給付会計基準の整備の必要性

退職給付制度として企業年金制度を設けている企業は多数ありますが，年金資産の運用利回りが低下すると将来の掛金が増加し，隠れ債務が存在することになるという問題が顕在化しました。

そのため，退職給付制度として，退職一時金および企業年金を包括した会計基準が，国際的にも通用する会計基準の整備という観点（コンバージェンス）でも必要となりました。

(2) 退職給付引当金の誕生

平成12年（平成10年退職給付会計基準）に，退職給付会計が導入され，「退職給与引当金」から，「退職給付引当金」に変わりました。

平成10年退職給付会計基準は，退職一時金と企業年金を包括した会計基準となっており，まさに，退職給付を対象とした会計基準といえます。

企業が負担すべき退職給付債務を時価で計上することが，その目的といえます。

(3) 平成24年退職給付会計基準

会計基準のコンバージェンスの加速化のため，退職給付会計基準が改訂されました（平成24年退職給付会計基準）。

主な改訂内容は以下の3点です。

① 未認識数理計算上の差異および未認識過去勤務費用の処理方法の見直し（連結決算における即時認識）

② 退職給付債務および勤務費用の計算方法の見直し

③ 開示の拡充

特に①については，積立不足の状況を正しく表す必要性が認められたので，インパクトの大きい改訂でした。

⑷ 平成28年退職給付会計基準

これは，リスク分担型企業年金制度に対応するために会計基準が整備されたものです。

第4章

退職給付会計の個別論点を理解する

Point

- 退職給付信託，退職給付制度間の移行，リスク分担型企業年金，複数事業主制度，簡便法などの個別論点があります。
- 退職給付に係る税効果会計については，連結財務諸表と個別財務諸表とで一部会計処理が異なります。

Q4-1 退職給付信託

Q	退職給付信託の仕組みを教えてください。
A	退職給付債務の積立不足額を積み立てるために，将来の退職給付に充てることを目的とし，他益信託として直接受託機関に事業主が保有する資産を信託するものです。

解 説

1．退職給付信託の定義

　退職給付信託とは，日本の退職給付会計基準における用語であり，退職一時金制度および退職年金制度における退職給付債務の積立不足額を積み立て，将来の退職給付に充てるために他益信託として設定した信託をいいます。事業主が保有する金銭や有価証券を直接信託銀行等の受託機関に信託するもので，現金による払込みを行う企業年金制度の年金掛金とは異なります。

2．年金資産として認められるための要件

　退職給付信託を設定した際に，退職給付に充てるために積み立てる資産が以下の4つの要件をすべて満たしている場合には，退職給付会計上の年金資産として会計処理を行うことになります。

> (1)　退職給付信託が退職給付に充てられるということが事業主の退職金規程等で確認できる
> (2)　退職給付信託が退職給付のみに充てることにした他益信託である
> (3)　退職給付信託が事業主から法的に分離され，信託財産について事業主への返還および受益者に対する詐害的行為が禁止されている
> (4)　信託財産の管理・運用・処分は，信託契約に基づいて受託者が行う

3．退職給付信託設定時の考え方

　複数の退職給付制度に対して1つの退職給付信託を設定する場合は，各退職給付制度と退職給付信託との対応関係を明確にしなければなりません。

第4章 退職給付会計の個別論点を理解する 79

　また，退職給付信託の年金資産の額を各退職給付制度に対応するよう区分計算をする必要があります。なお，特定の退職給付制度に優先的に年金資産を振り当てることはできません。

　事業主の保有する資産を退職給付信託へ拠出する際に，信託財産と年金資産の時価の合計が対応する退職給付債務を超えている場合は，即時に超過分を退職給付信託から事業主に返還する必要があります。ただし，単に見積り違い，時価評価の時点の相違等による場合で，かつ，重要性のない場合は除かれると考えられます。

　親会社が自らの退職給付信託によって子会社の未積立退職給付債務を積み立てることができるのは，子会社の従業員が親会社からの出向であり，当該従業員に係る退職給付債務が親会社の退職給付制度に属している場合です。

4．退職給付信託設定時の会計処理（事業主が保有する有価証券を年金資産として退職給付信託に拠出する場合）

①　個別財務諸表

（借）　退職給付引当金	×××　（貸）	有　価　証　券	×××
		信　託　設　定　益	×××

　拠出した有価証券は時価で評価されるため，有価証券の売却益相当額が信託設定益として損益計算書に計上されます。

②　連結財務諸表

（借）　退職給付に係る負債	×××　（貸）	有　価　証　券	×××
		信　託　設　定　益	×××

　連結修正仕訳としては，退職給付引当金を退職給付に係る負債に振り替える仕訳のみとなります。

5．退職給付信託に拠出できる資産

　一般に上場有価証券等，時価の算定が客観的かつ容易にできるものが対象資産として認められます。なぜなら，退職給付信託へ拠出した際に時価で売却し

たのと同様の会計処理を行い，期末にはこの年金資産を時価評価する必要があるからです。また，換金性が高いことも求められます。これは，当資産が退職給付制度への拠出あるいは退職給付の支払いに充てられるものだからです。土地などの有形固定資産などは，一般的に拠出対象資産としては適当ではありません。

6．その他留意事項

①　事業主が保有する株式を信託した場合，当該株式は事業主から分離され名義は受託機関に移りますが，契約次第で議決権行使の指示は事業主に残すことができます。

②　退職給付信託に拠出した資産を退職給付会計上の年金資産とするためには，収益を事業主に帰属させる自益信託は認められません。信託財産は退職給付のみに充てる必要があるからです。

③　事業主が退職給付信託に単一銘柄株式を拠出しており，退職給付信託の長期期待運用収益率を見積ることが困難な場合があります。その場合には，当年度の運用損益の実績を数理計算上の差異とすることが考えられます。

④　退職給付信託に拠出した資産を他の資産と入れ替えることは，原則として認められません。現金との入替えは資産の買戻しとなり，また時価が同等の他の資産との入替えは取引の実現を客観的に判断することが難しい損益が発生するためです。ただし，退職給付信託が超過積立となった場合，信託した株式が上場廃止等により流動性がなくなったり，買収や合併により自己株式となるおそれがある等，特別の事由がある場合においては認められます。

第4章 退職給付会計の個別論点を理解する 81

Q4-2 関係会社株式の退職給付信託への拠出

Q 退職給付信託への拠出資産が子会社株式である場合に必要となる会計処理を教えてください。

A 連結範囲に含まれている子会社の株式を退職給付信託に拠出した場合は，連結決算においては，退職給付信託への拠出に伴う退職給付信託設定損益の発生はなかったことになります。

解 説

退職給付信託とは事業主が保有する金銭や有価証券を直接信託銀行等の受託機関に信託するものです。通常，上場有価証券等，時価を客観的に容易に算定することができ，換金性が高いものである必要があります。

ところで，退職給付信託に子会社株式を拠出することも考えられます。その場合には特に連結決算上，注意が必要です。

1．子会社および関連会社の範囲の決定

子会社および関連会社の範囲を決定するうえで，退職給付信託に拠出した株式の受託者は，「自己の意思と同一の内容の議決権を行使することに同意している者」とみなします。

2．連結財務諸表作成上必要な処理

連結財務諸表上は，子会社の資本勘定と親会社の投資勘定が相殺消去されるため，子会社株式は存在しません。したがって，連結範囲に含まれている子会社の株式を退職給付信託に拠出した場合は，連結決算においては，退職給付信託への拠出に伴う退職給付信託設定損益の発生はなかったこととします。

① 個別財務諸表（子会社株式を拠出し退職給付信託を設定する仕訳）

（借）	退職給付引当金	100	（貸）	子 会 社 株 式	80
				信 託 設 定 益	20

② 連結財務諸表

連結財務諸表上は，退職給付信託の設定がなかったことになるので，仕訳はありません。

仕訳なし

なお，連結修正仕訳として，個別で計上した仕訳の取消しが必要になります。

＜信託設定益の取消しの仕訳＞

（借）	信 託 設 定 益	20	（貸）	退職給付引当金	100
	子 会 社 株 式	80			

なお，退職給付信託に拠出した子会社株式の持分については，親会社持分損益の計算上，持分比率を減少させる必要があります。

3．関連会社株式を拠出した場合の会計処理

連結決算上，持分法を適用している関連会社株式があり，それを退職給付信託に拠出している場合には，当該関連会社株式の持分について，持分法を適用する際に持分比率を減少させます。

設例4-1 **持分比率の減少**

（前提条件）
- B社資本100
- A社のB社株式持分割合40％
- A社は保有するB社株式のうち30％を退職給付信託に拠出

（持分比率）
A社のB社株式持分比率は，40％から40％×（1−0.3）＝28％へと減少します。

第4章　退職給付会計の個別論点を理解する　　*83*

4．議決権の行使

　事業主が保有する株式を信託した場合，当該株式は事業主から分離され名義は受託機関に移りますが，契約の内容次第で議決権行使の指示は事業主に残すことができます。

　したがって，子会社株式および関連会社株式の議決権比率を計算する際は，当社名義の株式の議決権と退職給付信託の受託者名義の株式の議決権を合算することになります。

　このように議決権行使の指示を残す契約が締結されている場合，退職給付信託への株式拠出による，子会社および関連会社に対する議決権行使への影響はありません。

Q4-3　年金資産（退職給付信託財産など）の返還

Q	年金資産の返還が認められるための要件，および年金資産返還時の会計処理を教えてください。
A	年金資産が退職給付債務を超過し，かつ，信託財産が退職給付に使用されないことが合理的に予測される範囲内である場合には，返還を行うことができます。 年金資産の返還時には，返還額を事業主の資産の増加とし，同額を退職給付に係る負債の増加または資産の減少として処理します。

解　説

1．年金資産の返還が認められる場合

　退職給付信託の設定要件として，退職給付信託を事業主の意思で勝手に全部または一部を解約して返還することはできません。ただし，年金資産が退職給付債務を超過し，かつ，信託財産が退職給付に使用されないことが合理的に予測される範囲内である場合には，返還を行うことができます。

　具体的には，年金財政計算による年金掛金が減少した場合または剰余金が事業主に返還される場合がありますが，返還にあたっては，返還される資産だけ

でなく返還されない資産についても退職給付会計基準第7項の年金資産の要件をすべて満たさなければなりません。

2．年金資産返還時の会計処理

年金資産が事業主に返還された場合は，返還額を事業主の資産の増加とし，同額を退職給付に係る負債の増加または資産の減少として処理します。

信託財産の有価証券（時価100）が返還されたときは以下の仕訳となります。

① 連結財務諸表

（借）有 価 証 券	100	（貸）退職給付に係る負債	100

② 個別財務諸表

（借）有 価 証 券	100	（貸）退職給付引当金	100

返還額は損益計算書に計上されず，年金資産の減少（掛金の減少）による退職給付引当金の増加（前払年金費用の減少）として認識されます。

連結修正仕訳としては，退職給付引当金（前払年金費用）から退職給付に係る負債（退職給付に係る資産）に振り替えることになります。

【返還前の年金資産に占める返還額の割合が重要な場合】

返還時点の未認識数理計算上の差異のうち当該返還額に対応する金額について，返還時に損益として認識します。返還額に対応する部分については一時の費用としない理由は失われていると考えられるためです。

当該返還額に対応する金額を特定することが困難な場合には，返還時の年金資産額の比率等により合理的に按分したうえで損益に計上します。

考えられる仕訳は以下のとおりです。

① 連結財務諸表

（借）退 職 給 付 費 用	50	（貸）退職給付に係る調整額	50
		（その他の包括利益）	

②　個別財務諸表

（借）退職給付費用		50	（貸）退職給付引当金		50

　ただし，返還額に対応する部分の未認識数理計算上の差異の金額の重要性が乏しい場合には損益として認識しないことが認められています。

3．年金資産の一部返還が行われた場合

　年金資産の積立超過分を事業主に返還した場合に，返還されなかった資産については年金資産に該当するものと考えられます。ただし，そのためには返還されなかった資産が退職給付会計基準第7項の年金資産の要件をすべて満たすだけでなく，返還された積立超過分についても「退職給付以外に使用できないこと」という適格要件を満たす必要があります。

　具体的には，当該積立超過分について，将来的にも積立超過の状態が一定期間継続し，返還された積立超過分が退職給付に使用される見込みがないということを合理的に説明する必要があります。

　年金資産は，積立超過分を除き，事業主への返還や事業主からの解約・目的外の払出しが禁止されています。また，退職給付信託が事業主から法的に分離され，信託財産について事業主への返還および受益者に対する詐害的行為が禁止されているのでこれらに抵触しないことが求められます。

　したがって，事業主の意思で積立超過額の返還が行われた場合には，返還されなかった信託財産についても年金資産としての要件を満たさなくなるため，事業主の資産として会計処理を行うことになります。信託財産を事業主に返還する際には，受託者の独立した判断による必要があるのです。

Q4-4 退職給付制度を終了した場合の会計処理

Q 退職給付制度を終了した場合の退職給付引当金の会計処理について教えてください。

A 終了した部分に係る退職給付債務とその減少分相当額の支払額等の額との差額を，損益として認識します。
未認識過去勤務費用，未認識数理計算上の差異は，終了部分に対応する金額を損益として認識します。

解説

1．退職給付制度の終了

退職給付制度の終了とは，退職金規程の廃止や厚生年金基金の解散等のように退職給付制度が廃止される場合や退職給付制度間の移行または制度の改訂により退職給付債務がその減少分相当額の支払等を伴って減少する場合のことです。

なお，支払等とは，年金資産からの支給または分配，事業主からの支払また

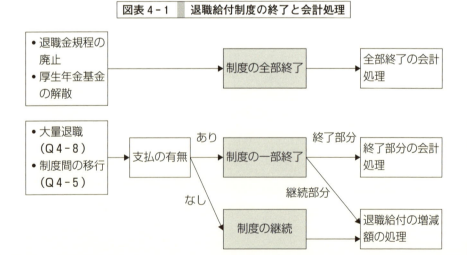

図表4-1　退職給付制度の終了と会計処理

は現金拠出額の確定，確定拠出年金制度への資産の移換のことをいいます。

２．退職給付制度の終了に係る会計処理

⑴　退職給付債務

　退職給付制度の終了時点で，終了した部分に係る退職給付債務と，その減少分相当額の支払額等の額との差額を，損益として認識します（これを終了損益といいます）。終了した部分の退職給付債務は，終了前と終了後の退職給付債務の差として算定されます。終了前後の退職給付債務は一般的には数理計算により算定します。

①　連結財務諸表

（借）　退職給付に係る負債	100	（貸）　現　金　預　金	80
		退職給付費用	20
		（終了損益）	

②　個別財務諸表

（借）　退職給付引当金	100	（貸）　現　金　預　金	80
		退職給付費用	20
		（終了損益）	

⑵　未認識項目

　未認識過去勤務費用，未認識数理計算上の差異は，終了部分に対応する金額を，終了時点における退職給付債務の比率等により算定し，損益として認識します（終了損益）。終了部分に個別対応できる場合は当該金額を使用します。

　制度一部終了前の退職給付債務300，終了する制度に対応する債務100，未認識数理計算上の差異30の場合の仕訳は以下のようになります。

①　連結財務諸表

| （借）　退職給付費用 | 10 | （貸）　退職給付に係る調整額 | 10 |
| 　　（終了損益） | | （その他の包括利益） | |

② 個別財務諸表

| （借） | 退職給付費用
（終了損益） | 10 | （貸） | 退職給付引当金 | 10 |

未認識数理計算上の差異30×100/300＝10について損益を認識します。

(3) 退職給付制度の終了に伴う損益

(1)および(2)の損益は，原則として，特別損益に純額で表示することになります。

(4) 会計処理の時点

① 原　則

退職給付制度の終了時点で会計処理をします。退職給付制度の終了時点は，例えば退職金規程を廃止する場合には退職金規程廃止日，確定給付年金制度の一部を確定拠出年金制度へ移換する場合には移換を伴う改訂規程等の施行日となります。

なお，その廃止日または施行日が翌期となる場合であっても，規程等の改訂日が当期中であり，損失の発生の可能性が高く，かつ，その金額を合理的に見積ることができる場合には，当該損失の額を当期の退職給付費用として計上（退職給付に係る負債または退職給付引当金の増加）する必要があります。

② 容　認

規程の改訂日が決算日付近である等，それぞれの時点で数理計算を行わなくても重要な相違が生じない場合には，改訂日ではなく決算日時点で退職給付債務の数理計算を行うことも認められています。

③ 注　記

施行日が翌期首であるときは，終了損失の額を当期に処理した時を除き，退職給付制度の終了の会計処理が翌期の財務諸表に与える影響額を当期の財務諸表に注記する必要があります。

第4章　退職給付会計の個別論点を理解する　　*89*

3．退職一時金制度を廃止した場合

　退職一時金制度を廃止した場合も終了に該当します。したがって，廃止による退職金の支払を分割して行う場合であっても，退職金規程の廃止日に退職給付制度の終了の会計処理を行います。このとき，支払予定額を未払金として計上することになります。

　ただし，退職一時金制度の廃止であっても過去勤務に係る部分について退職時に支払うことになっている場合には，退職時点が確定しているとはいえないことから終了時点の会計処理は行わず，支払予定額を従来どおり退職給付引当金あるいは退職給付に係る負債として計上することになります。

Q4-5　　退職給付制度間の移行等

Q	退職給付制度間の移行にはどのようなものがありますか。また，それぞれの会計処理を教えてください。
A	確定給付型から他の確定給付型への移行と，確定給付型から確定拠出型への移行があります。 支払がある場合は制度の終了の処理をし，支払がない場合は制度の継続となり退職給付債務の増減額の処理をします。

解　説

1．退職給付制度間の移行の種類

　退職給付制度間の移行には，以下の2種類があります。

(1)　ある確定給付型の退職給付制度から他の確定給付型の退職給付制度への移行

　原則として移行前後で退職給付制度は一体であると考えられるため，退職給付制度の終了には含まれません。この場合，退職給付債務の増減額の処理を行います。

(2)　確定給付型の退職給付制度から確定拠出型の退職給付制度への移行

　退職給付制度間の移行のうち，退職給付債務がその減少分相当額の支払等

90

を伴って減少する場合は，Ｑ4-4の退職給付制度の終了に該当します。

２．退職給付制度間の移行時の会計処理

⑴　支払がある場合

退職給付制度の一部終了に該当し，終了部分については終了の会計処理を行い，継続部分については退職給付債務の増減額の処理を行います。

⑵　支払がない場合

制度は継続しているとみなし，退職給付債務の増減額の処理を行います。
なお，終了の会計処理についてはＱ4-4で述べたとおりです。

３．一部終了に該当する場合

以下の場合，退職給付制度の一部終了に該当します。

> ①　確定給付年金制度において年金資産からの分配が行われる場合
> ②　確定給付年金制度の一部について確定拠出年金制度へ資産を移換する場合
> ③　退職一時金制度の一部について確定拠出年金制度へ資産を移換する場合
> ④　退職一時金制度の一部を給与として支払う方法に変更し，過去勤務期間分の一部を支払う場合

４．退職給付債務の増減額の処理

退職給付債務の増額または減額は，過去勤務費用（将来勤務に係る部分も含まれます）に該当するため，原則として，各期の発生額について平均残存勤務期間以内の一定の年数で毎期費用処理することになります。なお，当該増額または減額が行われる前に発生した未認識過去勤務費用や未認識数理計算上の差異については，従前の費用処理方法および費用処理年数を継続して適用することになります。

退職給付債務の増額または減額の測定時点は規程等の改訂日ですが，当該改訂日が決算日から大きく離れておらず，重要な差異が生じないと考えられる場合には，改訂日ではなく決算日現在で退職給付債務の数理計算を行うことも認められています。

5．複数事業主制度における制度間移行の処理

　複数事業主制度とは，事業主が単独で企業年金制度を設立するのではなく，複数の事業主が共同して１つの企業年金制度を設立する場合をいいます。

⑴　例外処理を採用していた確定給付年金制度（複数事業主制度）から他の確定給付型の退職給付制度（原則法）への移行の会計処埋

　これまで認識されていなかった未積立退職給付債務の額（または年金資産が退職給付債務を超える額）を，移行の時点において一時の損益（原則として，特別損益）として処理することになります。これは，確定給付型の退職給付制度間の移行ですが，従来例外処理を採用していたため，退職給付債務の増減額として会計処理することや遅延認識することの合理性がないためです。

　例えば移行後に小規模企業等における簡便法を採用することとなる場合であっても，未積立退職給付債務の額については，一時の損益として処理することになります。

　ただし，移行に伴って退職給付水準を変更する規程等の改訂が明示的に行われた場合には，改訂前後の退職給付債務の数理計算を行うことにより算定される過去勤務費用の額については，一時の損益として処理する額には含めずに，新たに生じた過去勤務費用として費用処理することになります。

　なお，移行に伴って追加的な拠出が求められる場合には，要拠出額を上記の一時の損益に含めて処理します。

⑵　原則法を採用していた確定給付型の退職給付制度から他の確定給付年金制度（複数事業主制度）へ移行し，例外処理を採用する場合の会計処理

　移行後の確定給付年金制度において，移行前の制度から実質的に引き継がれたと考えられる未積立額に係る掛金を拠出することとなるような場合には，当該掛金の拠出に相当すると考えられる範囲において，移行前の制度に係る退職給付に係る負債または退職給付引当金残高を移行後の制度に係る退職給付に係る負債または退職給付引当金として引き継ぎます。

　その後，当該掛金に係る年金財政計算上の償却期間に対応させるなどの適切な方法により，取り崩すことになります。

なお，移行後の制度に引き継がれなかった移行に係る退職給付に係る負債または退職給付引当金残高については，退職給付制度の終了の会計処理に準じて処理されるため，移行の時点で費用処理することになります。

Q4-6 確定拠出制度の会計処理

Q	確定拠出制度の会計処理について教えてください。
A	確定拠出制度に基づく会社の要拠出額を費用処理することになります。

解 説

1．確定拠出制度の定義

確定拠出制度とは，一定の掛金を外部に積み立て，事業主である企業が，当該掛金以外に退職給付に係る追加的な拠出義務を負わない退職給付制度のことです（退職給付会計基準4）。

確定拠出制度は，「厚生年金基金」，「確定給付企業年金」と並ぶ企業年金制度の1つです。確定拠出年金においては会社や従業員が毎月一定額を拠出し，運用リスクは従業員自身が負います。つまり，運用次第で将来受け取る退職給付の金額が増減するということです。

2．確定拠出制度の種類

確定拠出年金には以下の2種類があります。

(1) 個人型確定拠出年金

個人型とは，自営業者や確定給付型企業年金のない従業員が加入できるもので，加入者のみが掛金を拠出します。

掛金は所得税の社会保険料控除の対象となります。

(2) 企業型確定拠出年金

企業型とは，事業主が運営主体となるもので，従業員は掛金を負担せず，事

業主が毎月掛金を拠出します。

　掛金は，事業主にとって税務上損金算入の対象となります。

3．確定拠出年金の会計処理

　事業主の会計処理の対象になるのは上記2(2)の企業型確定拠出年金です。

　具体的には，確定拠出制度に基づく事業主の要拠出額を費用処理することになります。このとき，確定給付費用とともに，原則として売上原価または販売費及び一般管理費に計上することになります。また，実際に拠出していない部分については未払金として計上することになります。

4．確定拠出制度の注記

　以下の項目について連結財務諸表および個別財務諸表への注記が必要となります。ただし，連結財務諸表に注記されている場合には個別財務諸表上の注記は不要となります。

---

　①　会社の採用する確定拠出制度の概要
　②　確定拠出制度に係る退職給付費用の額
　③　その他の事項

5．退職給付制度間移行時の会計処理

　確定給付型の退職給付制度から確定拠出型の退職給付制度に移行した場合については，Q4-5の1(2)に記載のとおりです。

Q4-7　リスク分担型企業年金の会計処理

Q　リスク分担型企業年金について，会計処理を教えてください。

A　確定拠出制度に分類される部分については要拠出額を費用処理します。確定給付制度に分類される部分については確定給付制度と同様の会計処理を行います。

解 説

1．リスク分担型企業年金とは

　リスク分担型企業年金とは，企業がリスクへの対応分を含んだ固定の掛金を拠出することで一定のリスクを負い（その他のリスクは負わない），一方で財政バランスが崩れた場合には従業員への給付の調整を行うことで，企業と従業員がリスクを分担する企業年金のことです。

　年金資産の運用リスクをすべて企業が負う確定給付企業年金と運用リスクを加入者である従業員が負う確定拠出年金の両方の性質をもつハイブリッド型の企業年金制度として導入されました。

2．リスク分担型企業年金の分類

(1)　確定拠出制度

　確定拠出制度に分類されるリスク分担型企業年金は，企業の拠出義務が規約に定められた掛金相当額に限定されており，当該金額のほかに拠出義務を実質的に負っていない制度に該当するものです。ここで掛金相当額というのは，以下の①から③のことをいいます。

①　標準掛金相当額

　給付の費用に充当するため，企業が将来にわたって平準的に拠出する掛金相当額のことです。

② 特別掛金相当額

年金財政計算における過去勤務債務の金額に基づいて計算される掛金相当額のことです。

③ リスク対応掛金相当額

年金財政悪化のリスクに対応するために拠出する掛金相当額のことです。

⑵ 確定給付制度

(1)以外の場合のリスク分担型企業年金は確定給付制度に分類されます。

3．会計処理

⑴ 確定拠出制度に分類されるリスク分担型企業年金

会社の規約に基づいた各期の掛金の金額をその期の費用として処理します。これは，退職給付会計基準に定められている確定拠出制度において要拠出額を費用処理する方法と同様です。

⑵ 確定給付制度に分類されるリスク分担型企業年金

通常の確定給付制度の会計処理と同様の処理を行います。

4．確定給付制度から確定拠出制度に分類されるリスク分担型企業年金への移行

確定給付制度に分類される退職給付制度から確定拠出制度に分類されるリスク分担型企業年金に移行する場合には，退職給付制度の終了として扱います。これは，確定給付制度から確定拠出制度に分類される退職給付制度への資産の移換が退職給付制度の終了に該当することと同様です。

以下の(1)から(3)に係る損益は，原則として特別損益に純額で表示します。

　⑴　移行時点において，リスク分担型企業年金に移行した部分に係る退職給付債務と，その減少分相当額に係る移行した資産の額との差額を損益として認識します。ここで，移行した部分に係る退職給付債務は，移行前と移行後のそれぞれの計算基礎に基づいて数理計算した退職給付債務の差額分

として計算します。

(2) 移行部分に係る未認識過去勤務費用および未認識数理計算上の差異を損益として認識します。ここで移行した部分に係る金額は，移行時点の退職給付債務の比率やその他合理的な方法によって按分計算します。

(3) 移行時点で規約に定める各期の掛金に特別掛金相当額が含まれる場合には，その総額を未払金等として計上します。

5．開　示

リスク分担型企業年金が確定拠出制度に分類される場合には，以下の事項についての注記が必要となります。

(1) 企業の採用するリスク分担型企業年金の概要

　① 標準掛金相当額のほかに，リスク対応掛金相当額があらかじめ規約に定められていること

　② 各事業年度のリスク分担型企業年金の財政状態によって給付額が増減することによって，年金に関する財政の均衡が図られていること，など

(2) 確定拠出制度に分類されるリスク分担型企業年金に係る退職給付費用の額

(3) 翌期以降に拠出することが要求されるリスク対応掛金相当額および当該リスク対応掛金相当額の拠出に関する残存年数

なお，確定給付制度に分類されるリスク分担型企業年金については，他の確定給付制度の開示要求に従って開示を行うことになります。

第 4 章　退職給付会計の個別論点を理解する　　*97*

Q4-8　大量退職

Q	大量退職時における退職給付会計について教えてください。
A	退職給付債務の大幅な減額がある場合には，会計上，退職給付制度の終了に類似している現象とみなし，終了の処理（終了損益の認識）として取り扱います。

解 説

1．大量退職とは

　大量退職とは，工場の閉鎖や営業の停止等により，従業員が予定より早期に退職する場合であって，退職給付制度を構成する相当数の従業員が一時に退職した結果，相当程度の退職給付債務が減少し，制度の一部終了として会計処理が必要となるような場合をいいます。

　大量退職に該当するかどうかの判断を一律に示すことは困難であり，企業の実態に応じて判断すべきものです。ただし，目安として，企業会計基準適用指針第1号「退職給付制度間の移行等に関する会計処理」第25項において，構成従業員が退職することにより概ね半年以内に30％程度の退職給付債務が減少するような場合には，大量退職に該当することが多いと考えられることが示されています。

2．大量退職時の会計処理

(1)　大量退職の判定

　早期退職等の実施前の計算基礎に基づいて数理計算した退職給付債務と，実施後の計算基礎に基づいて数理計算した退職給付債務を比較して，退職給付債務の減少額を把握したうえで，大量退職に該当するか否かを判定します。

　退職給付債務の大幅な減少がある場合には，会計上，退職給付制度の終了に類似している現象とみなし，終了の処理（終了損益の認識）として取り扱います。

　なお，退職者のうち年金選択者については，退職後も退職給付債務を認識す

る必要があるので，この部分は退職給付制度の終了には該当しません。

大量退職による退職一時金の支払300，早期割増退職金50，大量退職前の退職一時金制度における退職給付債務800，大量退職後の退職給付債務300とした場合の会計処理は以下のようになります。

① 連結財務諸表

（借）	退職給付に係る負債	500	（貸）	現　金　預　金	300
				退職給付費用	200
				（終了損益）	
	早期割増退職金	50		現　金　預　金	50

② 個別財務諸表

（借）	退職給付引当金	500	（貸）	現　金　預　金	300
				退職給付費用	200
	早期割増退職金	50		現　金　預　金	50

終了した部分に係る退職給付債務500（800－300＝500）と早期割増退職金等を除く退職一時金300との差200は損益（退職給付費用）として認識します。

早期割増退職金は，臨時に支給されるもので，勤務期間を通じた労働の提供に伴って発生した退職給付費用とは別に費用処理します。

なお，連結修正仕訳としては，退職給付引当金から退職給付に係る負債への振替えとなります。

(2) 未認識項目の取扱い

早期退職等による退職者分に係る未認識数理計算上の差異等については，終了時点における退職給付債務の比率，その他合理的な方法により算定し，損益として認識します。

先の例において未認識数理計算上の差異が80であった場合の仕訳例は以下のようになります。

① 連結財務諸表

(借)	退職給付費用	50	(貸)	退職給付に係る調整額	50
				（その他の包括利益）	

② 個別財務諸表

(借)	退職給付費用	50	(貸)	退職給付引当金	50

80×500/800＝50となります。終了損益は，純額表示で特別損益に計上します。

(3) 平均残存勤務期間の短縮または延長

　大量退職等による平均残存勤務期間の再検討を行った結果，平均残存勤務期間が短縮し，再検討後の平均残存勤務期間が従来の費用処理年数を下回ることとなった場合には，費用処理期間を短縮する必要が生じます。反対に平均残存勤務期間が延長した場合には，費用処理年数を延長することを検討する必要が生じます。

① 費用処理年数の短縮
(i) 定額法

　未認識数理計算上の差異の期首残高を「短縮後の平均残存勤務期間－すでに経過した期間」で費用処理します。ただし，短縮後の平均残存勤務期間がすでに経過した期間を下回る場合には，期首残高のすべてを一括費用処理します。
(ii) 定率法

　未認識数理計算上の差異の期首残高に，短縮後の費用処理年数に基づく定率を乗じた額を費用処理します。

② 費用処理年数の延長

　未認識数理計算上の差異の期首残高については，従来の平均残存勤務期間で費用処理します。

　当年度に発生した数理計算上の差異については，変更後の費用処理年数で費用処理します。

Q4-9　代行返上の取扱い

Q　代行返上の会計処理について教えてください。

A　代行返上とは，厚生年金基金を確定給付企業年金に移行して，厚生年金基金の代行部分（以下「代行部分」といいます）を国に返上することです。将来分返上の認可・過去分返上の認可・返還の日のそれぞれが属する事業年度において会計処理が必要となります。

解　説

1．代行返上とは

(1)　代行返上の背景

平成13年6月15日に確定給付企業年金法が公布され，平成14年4月1日以降，厚生年金基金を確定給付企業年金に移行して，厚生年金基金の代行部分を国に返上することが可能になりました。

厚生年金基金を確定給付企業年金に移行する場合には，まず，厚生労働大臣の認可を受けて，代行部分に係る将来分返上を行い，その後代行部分に係る過去分返上に関する認可を受け，返還額（最低責任準備金）を国へ現金または現物で納付します。企業の有する代行部分に係る権利義務は，返還の日をもって国へ移転することになります。したがって，当該返還の日をもって，その消滅を認識することになります。

(2)　スケジュールの概要

代行返上のスケジュールは図表4-2のとおりです。

図表 4 - 2　代行返上のスケジュール

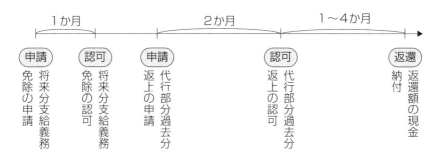

2．代行返上の会計処理

(1) 「将来分返上の認可」を受けたとき

当該認可の直前の代行部分に係る退職給付債務と将来分支給義務免除を反映した退職給付債務との差額を，代行部分に係る過去勤務費用として認識します。

当該認可の日以後は，将来分支給義務免除を反映した退職給付債務に基づく退職給付費用を算定し，過去勤務費用は，会社が採用する方法および期間で費用処理することになります。過去勤務費用は翌期からではなく発生時からの費用処理となるので注意が必要です。

設例 4 - 2　将来分返上の認可を受けたときの会計処理

〔前提条件〕
- 認可の日における代行部分に係る退職給付債務1,300
- 将来分支給免除を反映した退職給付債務1,200

〔会計処理〕

① 連結財務諸表

| (借) | 退職給付に係る負債 | 100 | (貸) | 退職給付に係る調整額 | 100 |

② 個別財務諸表

仕訳なし

個別財務諸表においては，将来分返上認可の日における代行返上に係る過去勤務費用の認識のみで，仕訳はありません。

(2) 「過去分返上の認可」を受けたとき

　過去分返上認可の直前の代行部分に係る退職給付債務を国への返還相当額（最低責任準備金）まで修正し，その差額を損益に計上します。

　また，未認識過去勤務費用，未認識数理計算上の差異のうち，過去分返上認可の日における代行部分に対応する金額を，退職給付債務に占める代行部分の比率その他合理的な方法により算定し，損益に計上します。これらの損益は，例えば「代行返上損益」として特別損益に純額で計上します。

設例 4 - 3　過去分返上の認可を受けたとき

前提条件

- 認可の日における返還相当額（最低責任準備金）1,000，認可の日直前の退職給付債務1,300
- 認可の日までに新たに発生した数理計算上の差異のうち，代行部分に対応する金額（過去分返上の日の直前の退職給付債務に占める代行部分に係る退職給付債務の割合により計算）70

会計処理

① 連結財務諸表

| (借) | 退職給付に係る負債 | 300 | (貸) | 代行返上損益 | 300 |
| | 代行返上損益 | 70 | | 退職給付に係る調整額 | 70 |

金額がわかりやすいように仕訳を2つに分けています。

② 個別財務諸表

| (借) | 退職給付引当金 | 300 | (貸) | 代行返上損益 | 300 |
| | 代行返上損益 | 70 | | 退職給付引当金 | 70 |

---

(3) 「返還の日」

　返還の日においては，過去分返上認可により修正された退職給付債務と実際の返上額との間に差額が生じた場合に，その差額を損益に計上します。ただし，重要性が乏しい場合には省略できます。

第4章　退職給付会計の個別論点を理解する　　*103*

設例4-4　返還の日の会計処理

前提条件

• 返還の日における代行部分に係る退職給付債務2,000，年金資産2,020

会計処理

① 連結財務諸表

（借）	代 行 返 上 損 益	20	（貸）	退職給付に係る負債	20

② 個別財務諸表

（借）	代 行 返 上 損 益	20	（貸）	退職給付引当金	20

　代行部分に係る退職給付債務および年金資産の消滅を認識することになります。差額は20（損）となりますが退職給付債務と年金資産が同時に減少するため，2,000に関する仕訳はありません。差額の20についてのみ損益を認識し特別損益に計上します。

　なお，(3)が(2)と同事業年度の場合は，発生事由が代行返上という特殊なものであるため損益は純額で計上することになります。

3．注　記

(1) 「将来分返上認可の日」の属する事業年度から「過去分返上認可の日」の属する事業年度の直前事業年度までの各事業年度に係る財務諸表

　以下の注記が必要となります。

① 将来分返上認可の日

② 期末日現在において測定された返還相当額（最低責任準備金）

③ ②の支払が期末日に行われたと仮定した場合に生じる損益の見込額

　なお，将来分返上認可と過去分返上認可または現金納付の完了が同一事業年度に行われた場合には，②③の記載は不要です。

104

⑵ 「過去分返上認可の日」または「現金納付の日」の属する事業年度に係る
財務諸表

以下の注記が必要となります。

① 過去分返上認可を受けた旨または現金納付が完了した旨

② 損益に与えている影響額

4．その他留意点

⑴ 割引率

代行返上を行った場合に，通常，平均年金支給期間が短縮します。そのため，割引率を引き下げる必要が生じる可能性があります。

⑵ 退職給付信託

退職給付信託を設定している場合に，代行返上をすると，資産超過になる可能性があります。この場合の超過については退職給付に係る資産または前払年金費用になります。将来的に継続して積立超過の状態となる場合には，返還の検討を行う必要が生じてきます。

Q4-10	退職金前払制度

Q	退職金前払制度の会計処理について教えてください。
A	退職金前払制度とは，給与や賞与に退職金の一部を上乗せして支払うものです。 会計処理としては，支払額を費用計上することになります。

解 説

1．退職金前払制度とは

退職金前払制度とは，平成13年10月1日の確定拠出年金法施行に伴い導入が認められ，退職時に退職金を支払わない代わりに，給与や賞与に退職金の一部を上乗せして支払う制度です。

第4章　退職給付会計の個別論点を理解する　*105*

確定拠出年金法では，従業員のうち企業型年金に加入を望まない者に加入を付与しないことが可能とされています。この場合，加入者とならないことを希望する従業員に対して，他の退職給付制度あるいは退職金前払制度が適用され，不当に差別的な取扱いを行うこととならないようにすることが必要となります。従業員は企業型年金と退職金前払制度との選択が可能になります。

2．退職金前払制度の会計処理

退職金前払制度では，確定拠出型の退職給付制度と同様，将来の退職給付について追加的負担が生じないため，支払額を費用処理するのみとなります。

この場合の費用処理額は退職給付費用として計上し，退職給付費用の内訳「その他」として注記することが妥当と考えられます。

3．確定給付制度から退職金前払制度への移行時の処理

従来の確定給付型の退職給付制度から退職金前払制度に変更する場合は，確定拠出型の退職給付制度への移行時と同様の処理を行うことになります。具体的には，制度終了（全部または一部）の会計処理を行います。

なお，将来期間分のみ移行する場合には退職給付債務の増額または減額の会計処理を行います。

Q4-11　厚生年金基金に係る交付金

Q	厚生年金基金に係る交付金の会計処理について教えてください。
A	厚生年金基金が政府（厚生年金本体）から受け取ることとなった交付金は，交付されるつど，退職給付費用から控除します

解　説

1．法改正の概要

「国民年金法等の一部を改正する法律」（平成16年法律第104号）により，一定の場合に政府が厚生年金基金に対し交付金を支払うこととされました。これ

は，厚生年金基金の安定化や政府（厚生年金本体）との財政中立化，現行の取扱いとの連続性などの観点による改正です。これにより，厚生年金保険法が改正され，厚生年金基金は，一定の場合には，所定の申請を行うことにより，翌事業年度に政府（厚生年金本体）から以下の金額の交付金を受けることとなりました。

---

① 厚生年金基金の事業年度の末日における最低責任準備金の額が過去期間代行給付現価の額の1/4以上1/2未満の場合
　➡1/2を下回る差額の1/5
② 厚生年金基金の事業年度の末日における最低責任準備金の額が過去期間代行給付現価の額の1/4未満の場合
　➡1/2を下回る差額

過去期間代行給付現価とは，加入員であった期間に係る代行給付の予想額を，免除保険料率凍結解除後の代行保険料率の算定基礎と同じ死亡率および予定利率によって算定した現価のことです。

この改正に伴い，厚生年金基金の財政計算上，厚生年金基金が負う債務は，上乗せ部分については数理債務，代行部分については最低責任準備金となることが明確になりました。

2．会計処理

上記改正を受けて，企業会計基準委員会から実務対応報告第22号「厚生年金基金に係る交付金の会計処理に関する当面の取扱い」（平成18年10月27日）が公表されました。会社の会計処理としては，厚生年金基金が政府（厚生年金本体）から受け取ることとなった交付金は，交付されるつど，退職給付費用から控除することとされています。

これは，会社以外からの拠出がある場合の処理として，従業員からの拠出部分と同様に考えられること，交付金は年金資産を増加させるが，年金資産の運用による収益とは異なるため，数理計算上の差異には該当しないと考えられるためです。

会計処理は以下のようになります。

① 連結財務諸表

(借)	未　　収　　金	×××	(貸)	退職給付に係る負債	×××
	退職給付に係る負債	×××		退職給付費用	×××

② 個別財務諸表

(借)	未　　収　　金	×××	(貸)	退職給付引当金	×××
	退職給付引当金	×××		退職給付費用	×××

　会計処理のタイミングは，交付申請後に政府からの交付承認の通知を受領した段階です。結果として退職給付に係る負債または退職給付引当金の増減はありません。

3．注　記

　受け取ることとなった交付金の額を，退職給付費用の内訳のその他として注記することになります。金額に重要性がある場合には，以下のようになります。

退職給付費用の内訳	
勤務費用	×××
利息費用	×××
期待運用収益	×××
数理計算上の差異の費用処理額	×××
厚生年金基金に係る交付金	△×××
退職給付費用	×××

Q4-12 複数事業主制度の会計処理

Q	自社の負担に属する年金資産等の算出方法を教えてください。
A	退職給付債務等の額についての制度全体に占める各事業主に係る比率により算出します。

解 説

　複数事業主制度を採用している場合において，合理的な基準により自社の負担に属する年金資産等の計算ができるときには確定給付制度の会計処理を行い，合理的な計算ができないときには確定拠出制度に準じた会計処理を行います。

　ここで，合理的な基準については，退職給付適用指針第63項で例示されており，退職給付債務の額はその一例です。

1. 複数事業主制度の概要

　複数事業主制度とは，事業主が単独で企業年金制度を設立するのではなく，複数の事業主が共同して1つの企業年金制度を設立する場合をいいます。我が国の場合には，連合設立型厚生年金基金，総合設立型厚生年金基金，複数事業主により実施される確定給付企業年金等が複数事業主制度に該当します。

　複数事業主制度を採用した場合，各企業が別々に企業年金制度を設立する場合と比べ，一般に，資産運用や掛金の設定に関して加入者に有利であり，制度基盤も強固になるため，多くの企業グループが複数事業主制度を利用しています。

　複数事業主制度では，退職給付債務については事業主ごとに算定されるものの，複数事業主を一体とみなして年金財政計算が実施されるため，年金資産については事業主別に分割して管理や把握がなされないのが一般的です。

　複数事業主制度の会計処理は，自社の拠出に対応する年金資産等の額を合理的に計算できるか否かにより，以下のように大別されます。

第4章　退職給付会計の個別論点を理解する　*109*

【複数事業主制度の会計処理】
自社の拠出に対応する年金資産等の額を合理的に計算…
　　できる➡確定給付制度の会計処理＋開示
　　できない➡確定拠出制度に準じた会計処理＋開示

2．自社の拠出に対応する年金資産等の額を合理的に計算できる場合

　合理的な基準により，年金資産の額を按分します。退職給付適用指針第63項では，合理的な基準として以下の5つの額についての制度全体に占める各事業主に係る比率によることができるものとされています。

---

① 　退職給付債務
② 　年金財政計算における数理債務の額から，年金財政計算における未償却過去勤務債務を控除した額
③ 　年金財政計算における数理債務の額
④ 　掛金累計額
⑤ 　年金財政計算における資産分割の額

3．自社の拠出に対応する年金資産の額を合理的に計算できない場合（例外処理）

　自社の拠出に対応する年金資産の額を合理的に計算できない場合とは，複数事業主制度において，事業主ごとに未償却過去勤務債務に係る掛金率や掛金負担割合等の定めがなく，掛金が一律に決められている場合をいいます（退職給付適用指針64）。ただし，そのような場合であっても，親会社等の特定の事業主に属する従業員に係る給付等が制度全体の中で著しく大きな割合を占めているときは，当該親会社等の財務諸表上，自社の拠出に対応する年金資産の額を合理的に計算できないケースには当たりません（同項ただし書き）。

　自社の拠出に対応する年金資産の額を合理的に計算できないときは，確定拠出制度に準じた会計処理および開示を行いますが，当該年金制度全体の直近の積立状況等についても注記することになります。

【注記例】

１．採用している退職給付制度の概要
　当社は，……
　なお，要拠出額を退職給付費用として処理している複数事業主制度に関する事項は，次のとおりであります。
　①　制度全体の積立状況に関する事項

　　　年金資産の額　　　　　　　　　×××
　　　年金財政計算上の給付債務の額　　　　××
　　　差引額　　　　　　　　　　　　△××

　②　制度全体に占める当社グループの掛金拠出割合
　　　　　　　　　　　　　　　　　　×××％
　③　補足説明
　　　上記①の差引額の主な原因は，……
　　　過去勤務債務の償却方法は……
　　　特別掛金は×××百万円を費用処理しています……

Q4-13　簡便法の会計処理①　簡便法とは

Q	小規模企業等における簡便法とは何ですか。
A	簡便法とは，従業員が比較的少ない小規模な企業等において，簡便な方法を用いて退職給付に係る負債（退職給付引当金）や退職給付費用を計上する場合の会計処理をいいます。

解説

1．小規模企業等における簡便法の概要

　簡便法とは，日本の退職給付会計基準において，小規模企業等に認められている簡便的な計算方法で，期末自己都合要支給額や年金財政計算上の数理債務の金額，またはその金額に比較指数や係数を乗じた金額を退職給付債務とする方法です（退職給付会計基準26）。

第4章　退職給付会計の個別論点を理解する　　*111*

【小規模企業等における簡便法の適用要件】
① 高い信頼性をもって数理計算上の見積りを行うことが困難である場合
　または
② 退職給付に係る財務諸表項目に重要性が乏しい場合

　小規模な企業などでは，年齢や勤務期間に偏りがあることなどにより数理計算結果に一定の高い水準の信頼性が得られないと判断される場合があり得ると考えられ，また，費用対効果の観点に基づいて簡便な方法が認められているものです（退職給付会計基準73）。

　なお，簡便法を適用できる小規模企業等とは，原則として従業員数300人未満の企業をいいます。

2．簡便法による退職給付に係る負債および退職給付費用の計算

　退職給付適用指針第48項および第49項では，簡便法による退職給付に係る負債および退職給付に係る費用の計算方法を図表4-3のように定めています。

図表4-3　　簡便法による退職給付に係る負債および退職給付費用の計算

	非積立型	積立型
退職給付に係る負債	【簡便法により計算された退職給付債務の額】	【簡便法により計算された退職給付債務の額】－【年金資産の額(※)】
退職給付費用	【[期首の退職給付に係る負債残高]－[当期退職給付の支払額]】－【期末の退職給付に係る負債】	【[期首の退職給付に係る負債残高]－[当期拠出額]】－【期末の退職給付に係る負債】

（※）　期末日における年金資産の額については，時価を入手する代わりに，直近の年金財政決算における時価を基礎として合理的に算定された金額を用いることができる。

　退職給付債務から年金資産の額を控除した額を退職給付に係る負債として貸借対照表に計上するという考え方は，原則法と簡便法とで相違ありません。

　簡便法の特徴は，退職給付債務の額を簡便な方法により計算することが認められている点にあるといえます。

3．簡便法による退職給付債務の計算

　簡便法を採用する場合において適用される退職給付債務の計算方法について
は，大部分の事業主において利用可能である自己都合要支給額等を基礎とした
方法が図表4-4のとおり複数認められており，各事業主の実態から合理的に
判断される方法を選択して退職給付債務を計算します。なお，いったん選択し
た方法は，原則として継続して適用することが求められています。

　期末自己都合要支給額とは，期末現在において全従業員が自己都合により退
職すると仮定した場合に，会社の退職金規程等に基づいて計算した，全従業員
に対する退職金の支給総額をいいます。また，年金財政計算上の数理債務とは，
企業年金制度における将来の給付現価から将来の標準掛金による収入現価を控
除したものをいいます。

図表4-4　　簡便法による退職給付債務の計算方法

退職給付制度	退職給付債務の計算方法
退職一時金制度	①　退職給付会計基準の適用初年度の期首における退職給付債務の額を原則法で計算し，この退職給付債務の額と自己都合要支給額との比（比較指数）を求め，期末自己都合要支給額に比較指数を乗じた額を退職給付債務とする方法 ②　期末自己都合要支給額に，平均残存勤務期間に対応する割引率および昇給率の各係数を乗じた額を退職給付債務とする方法 ③　期末自己都合要支給額を退職給付債務とする方法
企業年金制度	④　退職給付会計基準の適用初年度の期首における退職給付債務を原則法で計算し，この退職給付債務の額と年金財政計算上の数理債務との比（比較指数）を求め，直近の年金財政計算における数理債務の額に比較指数を乗じた額を退職給付債務とする方法 ⑤　在籍する従業員については，退職一時金制度の②または③の方法により計算した額を退職給付債務とし，年金受給者および待期者については直近の年金財政計算上の数理債務の額を退職給付債務とする方法 ⑥　直近の年金財政計算上の数理債務の額を退職給付債務とする方法

第4章　退職給付会計の個別論点を理解する　　*113*

Q4-14　簡便法の会計処理②　適用範囲

Q	従業員300人以上の場合でも，簡便法を適用できる場合はありますか。また，適用する場合には，連結グループでの統一が必要ですか。
A	従業員300人以上でも適用できる場合があります。また，必ずしも連結グループのすべてで統一して適用する必要はありません。

解　説

　簡便法適用の可否は，単に従業員数が300人以上であるかどうかにより機械的に判断するのではなく，個々の企業の実態に照らして，退職給付制度ごとに個別に判断する必要があります。

1．小規模企業等における簡便法の適用範囲

　簡便法を適用できる小規模企業等とは，原則として従業員数300人未満の企業をいいますが，従業員数が300人以上の企業であっても年齢や勤務期間に偏りがあるなどにより，原則法による計算結果に一定の高い水準の信頼性が得られないと判断される場合には，簡便法によることができます（退職給付会計基準47）。

　簡便法の適用要件は，以下のとおりです。

①　高い信頼性をもって数理計算上の見積りを行うことが困難である場合 　　または， ②　退職給付に係る財務諸表項目に重要性が乏しい場合

　「300人」という基準は，従業員数が約300人程度の場合にはその数理計算結果に一定水準の信頼性が得られるという統計的な検証・想定に基づいて設定されたにすぎません。よって，従業員数が300人以上であっても未満であっても，個々の企業（制度）の実態に照らして，高い信頼性をもって数理計算上の見積りを行うことができるか否かを判断する必要があります。

　ただし，従業員数が300人以上の場合に原則法を適用できないと結論付ける

場合には，より慎重な判断が求められます。このような判断は一般的には困難を伴うため，年金数理人などの専門家に意見を求めること等が考えられます。

2．簡便法適用の単位

簡便法は，高い水準の信頼性をもって数理計算上の見積りを行うことが困難である場合などに認められるものであり，その適用は制度ごとに判断されます。

なお，小規模企業等の判断基準になる従業員数とは，退職給付債務の計算対象となる従業員数を意味しており，複数の退職給付制度を有する事業主にあっては制度ごとに判断することになります。

ここで，連結財務諸表において，連結子会社および持分法を適用する関連会社の退職給付会計の適用を考える場合であっても，制度ごとに判断するという考え方は同様です。よって，連結グループのすべての制度について，原則法と簡便法のいずれかに統一する必要はありません。

なお，従業員数は毎期変動することが一般的であるので，簡便法の適用は一定期間の従業員規模の予測を踏まえて決定する必要があります。

Q4-15 原則法↔簡便法の変更

Q	簡便法から原則法への変更あるいは原則法から簡便法への変更は認められますか。
A	簡便法から原則法への変更は一般に認められます。一方，原則法から簡便法への変更が認められるケースは限定的です。

解 説

簡便法から原則法への変更は，正当な理由があれば当然に認められます。一方，原則法から簡便法への変更は，高い水準の信頼性をもって数理計算上の見積りを行うことが困難になった場合または退職給付に係る財務諸表項目の重要性が乏しくなった場合のみ認められます。

1．簡便法から原則法への変更

簡便法を採用している場合には，数理計算は可能であるが会計方針として簡便法を採用しているケースと，数理計算が困難なため簡便法を採用しているケースとが考えられます。

簡便法から原則法への変更については，以下が考えられます。

---

① 従業員が大幅に増加して小規模企業等に該当しなくなった場合のように事実の変更に該当する場合
② 選択適用可能な状況における会計方針の変更に該当する場合

会計方針の変更であれば遡及適用することになりますが，事実の変更に該当する場合には，変更により生じた退職給付債務の差額は数理計算上の差異や過去勤務費用ではないと考えられ，遅延認識する根拠に乏しく，営業費用として損益処理することが適当と考えられます。

なお，事実の変更に該当する場合には，追加情報として注記することが考えられ，会計方針の変更に該当する場合には，遡及適用するとともに会計方針の変更の注記を行うことが必要になります。

2．原則法から簡便法への変更

原則法から簡便法への変更は，従業員数の著しい減少もしくは退職給付制度の改訂等により，高い水準の信頼性をもって数理計算上の見積りを行うことが困難になった場合または退職給付に係る財務諸表項目の重要性が乏しくなった場合を除き認められないものと考えられます。

なお，数年に一度原則法による計算を行う方法を採用している場合，原則として，当該方法は継続して簡便法を適用しているものとして取り扱うことが適当です。

Q4-16 退職給付と税効果

Q	退職給付に係る税効果について，教えてください。
A	退職給付会計を適用した場合，会計上の退職給付費用の計上時期と税務上の損金算入時期が異なるため，一時差異が発生します。

解 説

1．基本的な考え方

　税務上の退職給付費用の損金算入時期は，原則として従業員または企業年金への支払時期となります。一方，会計上は発生主義の考え方に基づき，退職給付費用の費用処理を行います。

　費用の発生時期と実際の支払時期は必ずしも一致しないため，税務上の損金算入時期と会計上の費用処理時期は通常異なります。したがって，税効果会計を適用する必要があります。

　(1) 将来減算一時差異となる場合

　発生主義による会計上の費用処理が先行する場合（＝会計上，退職給付引当金が計上される場合），会計上の負債が税務上の負債よりも大きくなり，将来減算一時差異が生じます。

　(2) 将来加算一時差異となる場合

　退職給付債務の発生よりも企業年金への支払が先行した場合（＝会計上，前払年金費用が計上される場合），会計上の資産が税務上の資産よりも大きくなり，将来加算一時差異が生じます。

　退職給付に関する税務上の取扱いの詳細は第6章をご参照ください。

2．具体的な会計処理

設例4-5　退職給付に係る税効果会計

前提条件

・X0年度以前の退職給付引当金の計上はなし

第4章 退職給付会計の個別論点を理解する **117**

- X1年度 退職給付費用が100発生，従業員または企業年金への支払なし
- X2年度 退職給付費用が100発生，従業員または企業年金への支払300

実効税率は30％，繰延税金資産の回収可能性はすべてあるものとする。

(会計処理)

1．X1年度の会計処理

① 退職給付に関する仕訳

退職給付費用の発生に伴い，退職給付引当金を計上します。

(借) 退職給付費用	100	(貸) 退職給付引当金	100

② 税効果に関する仕訳

退職給付引当金の計上により，将来減算一時差異が100生じています。この一時差異に対する税効果の仕訳を行います。

このとき計上される繰延税金資産の金額は，一時差異の金額に実効税率を乗じた金額（＝100×30％）となります。

(借) 繰延税金資産	30	(貸) 法人税等調整額	30

2．X2年度の会計処理

① 退職給付に関する仕訳

支払を行った結果，退職給付債務よりも年金資産のほうが大きくなり退職給付引当金の残高が負の値となるため，前払年金費用へ振り替えます。

(借) 退職給付費用	100	(貸) 退職給付引当金	100
(借) 退職給付引当金	300	(貸) 現金預金	300
(借) 前払年金費用	100	(貸) 退職給付引当金	100

② 税効果に関する仕訳

X1年度の将来減算一時差異100は，退職給付引当金の取崩しにより税務と会計のずれが解消されています。したがって，X1年度に計上した繰延税金資産を取り崩す必要があります。

一方，前払年金費用の計上により，将来加算一時差異が100生じています。この一時差異に対する税効果の仕訳を行います。このとき計上される繰延税金負債の金額は，一時差異の金額に実効税率を乗じた金額（＝100×30％）となります。

（借）　法人税等調整額	30	（貸）　繰延税金資産	30
（借）　法人税等調整額	30	（貸）　繰延税金負債	30

　なお，繰延税金資産は回収可能性を判断したうえで計上するので，回収可能性がない場合は繰延税金資産の計上は行いません。

　連結特有の税効果については Q 4 -17をご参照ください。

　繰延税金資産の回収可能性については，Q 4 -18をご参照ください。

Q4-17　連結と個別の会計処理の差異と税効果

Q	連結と個別の会計処理の違いに起因する税効果会計への影響について教えてください。
A	連結財務諸表では，未認識項目をその他の包括利益累計額で認識する会計処理を行います。この処理によって生じた一時差異は，連結財務諸表固有の一時差異に該当するため，税効果会計の対応を行う必要があります。

解 説

1．基本的な考え方

　連結財務諸表では未認識項目を即時認識しますが，当該処理によって生じた会計上と税務上の資産負債の差異は，連結財務諸表固有の一時差異に該当しますので，連結決算手続において税効果処理を行います。

　このときの税効果処理は，退職給付引当金や前払年金費用の計上に伴う個別財務諸表における一時差異とは異なり，法人税等調整額は使用しません。年度の期首における連結固有の一時差異と期末における連結固有の一時差異の増減額は，その他の包括利益を相手勘定として計上します（税効果適用指針 9 (2)参照）。

第4章　退職給付会計の個別論点を理解する　*119*

2．具体的な会計処理

> ### 設例 4 - 6　連結と個別の税効果の会計処理の比較

前提条件

- 実効税率30％，一時差異はすべて回収可能性があるものとする。
- X0年度以前の退職給付引当金の計上はなし，利益剰余金の残高はなし
- X1年度　退職給付費用が300発生，数理計算上の差異が△110発生（個別上未認識），連結上の当期純利益は500，個別上の退職給付引当金は300
- X2年度　退職給付費用が200発生（数理計算上の差異の費用処理額を除く），X1年度の数理計算上の差異の費用処理11，数理計算上の差異が△440発生（個別上未認識），連結上の当期純利益は589，個別上の退職給付引当金は511

なお，連結財務諸表の仕訳は，実務に即して，連結修正仕訳を記載している。

会計処理

1．X1年度の会計処理

① 個別財務諸表

退職給付費用の発生に伴い，退職給付引当金を計上します。対応して税効果会計を行います。

（借）	退職給付費用	300	（貸）	退職給付引当金	300
（借）	繰延税金資産	90	（貸）	法人税等調整額	90

② 連結財務諸表（連結修正仕訳）

未認識項目の即時認識を行います。個別財務諸表と異なり，法人税等調整額ではなく，その他の包括利益を相手勘定として計上します。繰延税金資産の計算方法自体は個別と同様，連結固有の一時差異の増減額である110（X1年度末110－X0年度末0）に実効税率30％を乗じた金額となります。

（借）	退職給付に係る調整額	110	（貸）	退職給付に係る負債	410
	退職給付引当金	300			
（借）	繰延税金資産	33	（貸）	退職給付に係る調整額	33

2．X2年度の会計処理

① 個別財務諸表

（借）	退職給付費用	200	（貸）	退職給付引当金	200
（借）	退職給付費用	11	（貸）	退職給付引当金	11
（借）	繰延税金資産	63.3	（貸）	法人税等調整額	63.3

② 連結財務諸表（連結修正仕訳）

未認識項目の即時認識および組替調整の仕訳を行います。それぞれに対して，1と同様に税効果の仕訳を行います。

＜開始仕訳＞

（借）	退職給付に係る調整額 期首残高	77	（貸）	退職給付に係る負債	410
	退職給付引当金	300			
	繰延税金資産	33			

＜当期仕訳＞

（借）	退職給付に係る調整額	440	（貸）	退職給付に係る負債	651
	退職給付引当金	211			
（借）	退職給付に係る負債	11	（貸）	退職給付に係る調整額	11
（借）	繰延税金資産	128.7	（貸）	退職給付に係る調整額	128.7

上記の仕訳を行うことで，連結固有の一時差異の増減額である429（X2年度末539（X2年度発生440－X2年度費用処理11＋X1年度発生110）－X1年度末110）に実効税率30％を乗じた金額と一致する繰延税金資産が，退職給付にかかる調整額を相手勘定として計上されます。

なお，個別財務諸表と同様，繰延税金資産は回収可能性を判断したうえで計上しますので，回収可能性がない場合は繰延税金資産の計上はできません。

繰延税金資産の回収可能性については，Ｑ4-18をご参照ください。

第4章　退職給付会計の個別論点を理解する　*121*

Q4-18　退職給付に係る繰延税金資産の回収可能性

Q	退職給付に係る繰延税金資産の回収可能性はどのように判断すればよいでしょうか。
A	いわゆる会社分類に従い回収可能性を判断します。連結と個別の差異はありません。

解 説

　Q4-17に記載のとおり，連結と個別の差異は連結修正項目である未認識数理計算上の差異および未認識過去勤務費用（以下，合わせて「未認識項目」といいます）の部分のみとなります。ベースとなる回収可能性判断は個別に係るものとなりますので，個別財務諸表から説明します。

1．個別財務諸表

　退職給付引当金は，その解消見込年度が長期にわたる将来減算一時差異に該当します。解消見込年度が長期にわたる将来減算一時差異は，企業が継続する限り，長期になるものの必ず将来解消され，将来の税金負担額を軽減する効果を有するため，会社分類に従い以下のように回収可能性を判断します（繰延税金資産の回収可能性適用指針35）。

---

① （分類1）および（分類2）に該当する企業については，当該将来減算一時差異に係る繰延税金資産の回収可能性があると判断する。
② （分類3）に該当する企業は，将来の合理的な見積可能期間（概ね5年）において当該将来減算一時差異のスケジューリングを行ったうえで，当該見積可能期間を超えた期間であっても，当期末における当該将来減算一時差異の最終解消見込年度までに解消されると見込まれる将来減算一時差異に係る繰延税金資産は回収可能性があると判断できるものとする。
③ （分類4）に該当する企業は，基本的には，翌期に解消される将来減算一時差異に係る繰延税金資産は回収可能性があると判断する。
④ （分類5）に該当する企業は，原則として，当該将来減算一時差異に係る繰延税金資産の回収可能性はないものと判断する。

2．連結財務諸表

決算実務的には，連結財務諸表における退職給付に係る負債に関する繰延税金資産は，まず，個別財務諸表における退職給付引当金に係る将来減算一時差異に関する繰延税金資産の額を計上し，これに未認識項目の会計処理により生じる将来減算一時差異に係る繰延税金資産の額を合算し，この合算額について回収可能性を判断します。

ここで，未認識項目を連結貸借対照表上で負債（または資産）として即時認識しても，連結財務諸表における繰延税金資産の回収可能性の会社分類は，個別財務諸表における会社分類と変わることはないということに留意する必要があります。したがって，連結財務諸表における繰延税金資産の回収可能性については，個別財務諸表において判断した分類に基づいて判断します。

> **ここ注意！**
> 繰延税金資産の回収可能性判断の際，連結と個別で会社分類は変わりません。

Q4-19　持分法適用会社の退職給付の会計処理

Q	持分法適用会社の退職給付の会計処理について教えてください。
A	単純な一行連結とはいえなくなりました。以下，解説にて詳述します。

解　説

持分法適用会社に退職給付に係る未認識項目が存在する場合も，連結決算時に，持分に見合う額を連結財務諸表へ含める必要があります（持分法実務指針10-2）。

以下，設例にて解説します。

第4章　退職給付会計の個別論点を理解する　*123*

設例4-7　持分法適用会社に関する退職給付の会計処理

(前提条件)

- 持分割合30％のA社に対して持分法を適用している。
- X0年度以前　A社に退職給付に係る未認識項目はない
- X1年度　A社で未認識項目の発生△100，当期純利益計上なし
- X2年度　A社で未認識項目の発生△200，費用処理10，当期純利益90（収益100，退職給付費用10）

(会計処理)

1．X1年度の仕訳

| （借）　退職給付に係る調整額 | 30 | （貸）　A　社　株　式 | 30 |

なお，連結貸借対照表では「退職給付に係る調整累計額」として計上しますが，連結包括利益計算書では，「持分法適用会社に対する持分相当額」へ一括表示しますので留意が必要です（包括利益会計基準7，32，金融商品会計に関するQ&A Q77）。

2．X2年度の仕訳

＜開始仕訳＞

| （借）　退職給付に係る調整額 期首残高 | 30 | （貸）　A　社　株　式 | 30 |

＜未認識項目の発生＞

| （借）　退職給付に係る調整額 | 60 | （貸）　A　社　株　式 | 60 |

＜当期利益の取込み＞

| （借）　A　社　株　式 | 27 | （貸）　持分法による投資損益 | 27 |

＜個別の振戻し＞

| （借）　A　社　株　式 | 3 | （貸）　持分法による投資損益 | 3 |

個別上で費用処理している部分は，連結上はすでに認識されており不要な処理となります。当期利益の取込みにより費用処理額△10のうち持分に当たる△3を取り込んでいますので，その部分を連結上は一旦消去します。

<組替調整>

> (借) 持分法による投資損益 　　3 （貸） 退職給付に係る調整額 　　3

　上記のとおり，開始仕訳として X1年度の仕訳を引き継ぎ，X2年度発生の未認識項目に関する仕訳を行ったうえで，組替調整の仕訳と当期純利益の取り込みの仕訳を行います。

Q4-20 四半期決算

Q	四半期決算や中間決算での退職給付の会計処理について教えてください。
A	四半期および中間決算では，簡便な処理が規定されています。

解　説

　四半期決算時および中間決算時における退職給付会計については簡便な処理が規定されています。

(1) 退職給付費用

　期首に算定した年間の退職給付費用は，期間按分した額を期首からの累計期間に計上します（四半期適用指針24，中間財務諸表作成基準注解注 2，退職給付適用指針74）。

(2) 数理計算上の差異

　数理計算上の差異は，費用処理について採用している会計方針により取扱いが異なります。

　① 発生年度に全額費用処理する方針の場合

　数理計算上の差異は発生年度の期末にのみ生じるため，第 1 ～ 3 四半期では会計処理を行わず，第 4 四半期に全額を費用処理します（四半期適用指針99）。

　② ①以外の方針の場合

　四半期または中間決算時に，その期間に負担すべき金額を期間按分する方

法により費用処理します（四半期適用指針99，退職給付適用指針74）。期間按分方法としては，月数按分が一般的です。

(3) 過去勤務費用

過去勤務費用は，費用処理について採用している会計方針により取扱いが異なります。

① 発生年度に全額費用処理する方針の場合

発生時に全額費用処理します。

② ①以外の方針の場合

四半期または中間決算時に，その期間に負担すべき金額を期間按分する方法により費用処理します（四半期適用指針100，退職給付適用指針74）。期間按分方法としては，月数按分が一般的です。

コラム　簡便法における数理計算上の差異

　退職給付債務の計算方法には簡便法があります。この簡便法は，小規模企業等に認められている方法です。

　退職給付債務を簡便法で計算する際には，逆算によって退職給付費用を計算することになり，数理計算上の差異等の概念はありません。

簡便法における退職給付費用
＝あるべき期末退職給付引当金－決算整理前の期末退職給付引当金

　このような計算式で，簡便法を表すことができます。

　差額として退職給付費用が計算されるので，数理計算上の差異に相当するものや過去勤務費用に相当するものは区別されず，差額概念として扱われます。

　そのため，原則法のように，数理計算上の差異や過去勤務費用を遅延認識することはありません。簡便法の場合は，すべて一時の費用として処理されます。

　簡便法は計算方法としては簡便ですが，実務上，退職給付費用が最後に計算されることになり，決算遅延の原因になることがあります。

　特に，企業年金がある場合の簡便法においては，期末における年金資産の時価の把握が遅れることで退職給付費用が計算できず決算作業の全体が遅れることがないように留意することが必要です。

第5章

退職給付会計の開示論点を
理解する

Point

- 本章では，退職給付会計に係る財務諸表上での表示，注記
  方法，注記の作成過程を体系的に解説しています。
  各整合性を確認しながら作成することが大切です。

Q5-1	退職給付会計に係る勘定科目の貸借対照表上の計上区分

Q	退職給付会計に係る勘定科目の貸借対照表上の表示はどのようになりますか。
A	退職給付会計で使用する勘定科目およびその計上区分は以下のとおりです。 【連結】 「退職給付に係る資産」…投資その他の資産 「退職給付に係る負債」…固定負債 「退職給付に係る調整累計額」…純資産 【個別】 「前払年金費用」…固定資産 「退職給付引当金」…固定負債

解 説

　退職給付会計を適用した場合，退職給付債務から年金資産を控除した額（「積立状況を示す額」）を，（連結）貸借対照表に計上する必要があります。

ここ注意！

　複数の退職給付制度を採用している場合で，制度ごとに計算した積立状況を示す額が資産と負債のそれぞれにある場合，純額とすることはできません（退職給付会計基準注1）。

　連結貸借対照表上と個別貸借対照表上で勘定科目名が異なるのは，未認識項目に係る処理が異なることを明確にするためです。

　なお，連結財務諸表上，負債側に残った場合に勘定科目が「退職給付に係る負債」となります。「引当金」の名称を使用しないのは，未認識数理計算上の差異および未認識過去勤務費用をその他の包括利益を通じて調整するため，引当金の要件（企業会計原則注解（注18））を満たさなくなることによります。

1. 連結財務諸表

(1) 退職給付に係る資産・退職給付に係る負債

　積立状況を示す額について，資産側に残高があれば「退職給付に係る資産」として投資その他の資産へ，負債側に残高があれば，「退職給付に係る負債」として固定負債へ表示します（退職給付会計基準27，連結財務諸表規則30 I ④，38 I ⑥）。

(2) 退職給付に係る調整累計額

　連結財務諸表では，未認識数理計算上の差異および未認識過去勤務費用をその他の包括利益を通じて調整しますが，その調整額の累計は「退職給付に係る調整累計額」として純資産の部のその他の包括利益累計額に表示します（退職給付会計基準27，連結財務諸表規則43の2 I ⑤）。

> **ここ注意！**
>
> 　退職給付に係る調整累計額は，資産側で残高が残った場合も，負の値で純資産の部へ表示します。

2. 個別財務諸表

前払年金費用・退職給付引当金

　積立状況を示す額について，資産側に残高があれば「前払年金費用」として投資その他の資産へ，負債側に残高があれば，「退職給付引当金」として固定負債へ計上します（退職給付会計基準39(3)，財務諸表等規則32 I ⑫，52 I ⑥，財規ガイドライン52 - 1 - 6 ）。

Q5-2 退職給付費用の損益計算書上の計上区分

Q
退職給付会計に係る勘定科目の損益計算書上の表示はどのようになりますか。

A
退職給付会計で使用する勘定科目およびその計上区分は以下のとおりです。貸借対照表のような，連結・個別における勘定科目の違いはありません。
「退職給付費用」…売上原価または販売費及び一般管理費
※ただし，特定の場合に特別損益へ計上することがあります。

解 説

勤務費用や利息費用等から計算される金額を退職給付費用として損益計算書へ計上します。

退職給付費用の構成要素については第3章をご参照ください

1．売上原価と販売費及び一般管理費の区分の判断

退職給付費用は，原則として売上原価または販売費及び一般管理費に計上します（退職給付会計基準28）。

どちらに計上するかの判断は，その費用の発生元の従業員の所属部署等（直接製品の製造に携わるのか，販売及び一般管理業務に従事しているのか）で判断します。

2．特別損益へ計上する場合

新たに退職給付制度を採用したときや，給付水準の重要な改訂を行ったときに発生する過去勤務費用を発生時に全額費用処理する場合（＝臨時的な要因）などにおいて，その金額が重要である（＝巨額である）と認められるときには，当該金額を特別損益として計上することができます（退職給付会計基準28）。

第5章　退職給付会計の開示論点を理解する　　*131*

ここ注意！

　特別損益の要件（臨時かつ巨額）の双方を満たす必要がありますので，毎期の費用処理額に重要性があることにより特別損益として計上することはできないと考えられます。

Q5-3　その他の包括利益

Q	その他の包括利益に表示される退職給付に係る調整額の意味と表示される金額の算出方法を教えてください。
A	包括利益計算書のその他の包括利益には，当期に発生した未認識数理計算上の差異および未認識過去勤務費用ならびに当期に費用処理された組替調整額が記載されます。

解 説

　個別財務諸表で遅延認識している未認識項目を，連結財務諸表では即時認識します。しかし，その影響は損益計算書ではなく，包括利益を通して純資産に計上されることとなります。また，過年度にすでに包括利益を通して純資産へ計上した未認識項目が費用処理され，損益計算書の構成要素となった場合，組替調整を行う必要があります（退職給付会計基準15）。

　包括利益計算書には，「当期発生した未認識項目の即時認識額」と「組替調整額」の合計が「退職給付に係る調整額」として表示されます（退職給付会計基準29）。

　なお，連結包括利益計算書上，連結子会社の「退職給付に係る調整額」は，非支配株主持分も含めて親会社の「退職給付に係る調整額」に合算して表示しますが，持分法適用会社の「退職給付に係る調整額」に対する持分相当額は，「持分法適用会社に対する持分相当額」としてその他の持分法適用会社の包括利益と合算し表示します（包括利益会計基準7，29）。

　未認識項目に係る処理の詳細は第3章を，組替調整についてはQ5-4をご参照ください。

Q5-4 組替調整

Q
退職給付に係る調整額における組替調整について教えてください。

A
連結財務諸表で即時認識した未認識項目は，個別財務諸表では規則的に費用処理されることにより認識されます。過年度に包括利益を通して純資産へ計上した未認識項目が費用処理された場合，その他の包括利益累計額に含まれている金額を，損益計算書を通して利益剰余金へ組み替える必要があります。この「組み替える」処理を組替調整といいます。

解説

1．基本的な考え方

Q5-3で記載したとおり，連結財務諸表で即時認識した未認識項目は，損益計算書ではなく，いったん包括利益を通して純資産の「その他の包括利益累計額」へ計上されます。しかし，連結財務諸表で即時認識した未認識項目は，個別財務諸表においては，規則的な費用処理により認識されていきます。

過年度にその他の包括利益を通して純資産に計上された未認識項目の一部が費用処理された場合，費用処理された金額は，「その他の包括利益累計額」ではなく，当期純利益を通して「利益剰余金」へ含まれることになります。

未認識項目について費用処理を伴い，「その他の包括利益累計額」の中にあった未認識項目を「利益剰余金」へ組み替える処理を，組替調整といいます。

組替調整のイメージは，図表5-1のとおりです。

第 5 章　退職給付会計の開示論点を理解する　　*133*

図表 5 - 1　　組替調整のイメージ

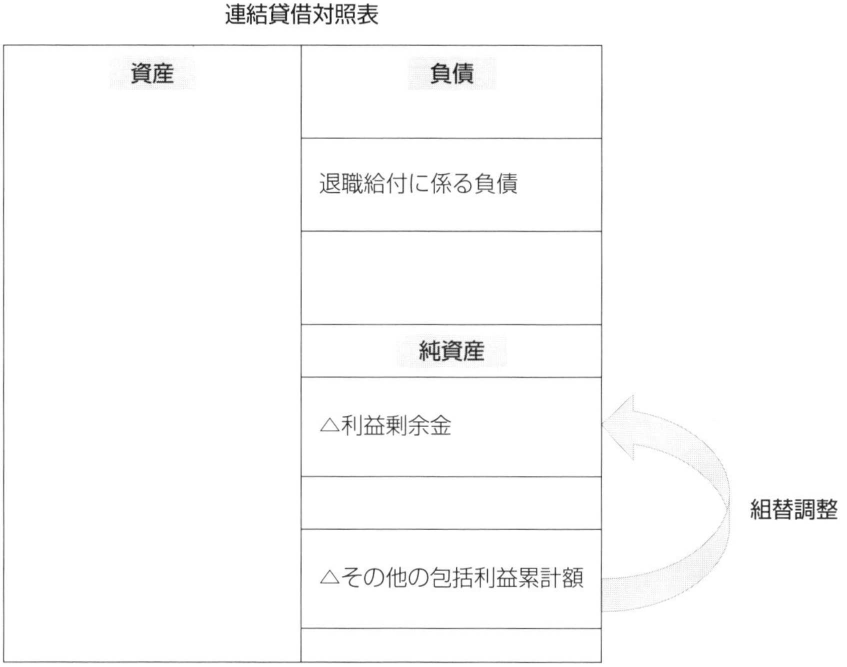

連結貸借対照表

資産	負債
	退職給付に係る負債
	純資産
	△利益剰余金
	△その他の包括利益累計額

組替調整

2．具体的な開示

設例 5 - 1　組替調整

前提条件

①　X0年度以前

　退職給付引当金の計上はなし，利益剰余金の残高はなし。

②　X1年度

　退職給付費用が△300発生，数理計算上の差異が△110発生（個別上未認識），連結上の当期純利益は500，個別上の退職給付引当金は300。

③　X2年度

　退職給付費用が△200発生（数理計算上の差異の費用処理額を除く），X1年度の数理計算上の差異の費用処理△11，数理計算上の差異が△440発生（個別上未認識），

連結上の当期純利益は589，個別上の退職給付引当金は511。

なお，連結子会社や持分法適用会社の退職給付関連の残高，記載のない項目の発生や税効果はないものとする。

(開　示)

1．X1年度の連結財務諸表

X1年度

【連結貸借対照表】	
固定負債	
退職給付に係る負債	410
純資産	
利益剰余金	500
その他の包括利益累計額	
退職給付に係る調整累計額	△ 110

退職給付費用の発生300
数理計算上の差異の認識110

当期純利益の計上500（組替調整額除く）
組替調整額なし

数理計算上の差異の認識110

【連結損益計算書】	
収益	800
費用	
退職給付費用	△ 300
当期純利益	500

退職給付費用の発生△300
未認識項目の費用処理なし

【連結包括利益計算書】	
当期純利益	500
その他の包括利益	
退職給付に係る調整額	△ 110
包括利益	390

数理計算上の差異の認識△110
未認識項目の費用処理なし

第5章　退職給付会計の開示論点を理解する　　*135*

2．X2年度の連結財務諸表

X2年度

【連結貸借対照表】

固定負債

　　退職給付に係る負債　　1,050

前期末残高410
退職給付費用の発生200（※個別上の退職給付費用は211だが，うち11は連結上すでに認識している）
数理計算上の差異の認識440

純資産

　　利益剰余金　　1,089

前期末残高500
当期純利益の計上600（組替調整額除く）
組替調整額△11

　　その他の包括利益累計額

　　　退職給付に係る調整累計額　△539

前期末残高△110
数理計算上の差異の認識△440
組替調整額11

【連結損益計算書】

収益　　800
費用
　　退職給付費用　　△211

退職給付費用の発生△200
未認識項目の費用処理△11
（組替調整額）

当期純利益　　589

【包括利益計算書】

X1年度
当期純利益　　589
その他の包括利益
　　退職給付に係る調整額　△429

数理計算上の差異の認識△440
未認識項目の費用処理11
（組替調整額）

包括利益　　160

Q5-5 連結キャッシュ・フロー計算書

Q

連結キャッシュ・フロー計算書上の退職給付に係る負債（資産）の増減額と連結貸借対照表上の退職給付に係る負債（資産）の前期末比増減額の関係を教えてください。

A

連結キャッシュ・フロー計算書上の退職給付に係る負債（資産）の増減額は，連結貸借対照表上の退職給付に係る負債（資産）の前期末比増減額から，未認識項目の発生による増減の影響を控除したものになります。

解 説

　これまでの章で解説してきたとおり，退職給付に係る負債（資産）は，退職給付費用の計上，退職金の支払，掛金の拠出，未認識項目の新規発生，組替調整等，さまざまな要因で増減します。

　しかし，これらの項目は，連結キャッシュ・フロー計算書のスタートである「税金等調整前当期純利益」に含まれているか否か，また，キャッシュの動きと関連するか否か，という点でそれぞれ異なるため，連結キャッシュ・フロー計算書上は，単純に連結貸借対照表の退職給付に係る負債（または資産）の増減で調整することができません。

1．基本的な考え方

　連結キャッシュ・フロー計算書における調整を考えるときは，その項目の会計上の処理から，「税金等調整前当期純利益」に含まれているか否か，また，キャッシュの動きと関連するか否かを理解する必要があります。退職給付に関連する項目と，それぞれの内容は図表5-2のとおりです。

第5章　退職給付会計の開示論点を理解する　　*137*

図表5-2　　退職給付に係る連結キャッシュ・フロー計算書上の調整項目

項　目	税金等調整前当期純利益に含まれるか	キャッシュの動きと関連するか	連結キャッシュ・フロー計算書における調整の有無
(1)退職給付費用の発生	○	×	費用計上された金額について，営業活動によるキャッシュ・フロー上でプラスの調整を入れる。
(2)退職金の従業員への支払，年金基金への掛金拠出	×	○	キャッシュ・フローが生じるが利益に影響しないため，営業活動によるキャッシュ・フローでマイナスの調整を入れる。
(3)未認識項目の新規発生	×	×	利益にもキャッシュ・フローにも影響しないため，調整は行われない。
(4)未認識項目の組替調整	○	×	組替調整によって費用計上された場合は営業活動によるキャッシュ・フロー上でプラスの調整を入れる。ただし，組替調整によって退職給付に係る負債（資産）の金額自体は変動しないため，「退職給付に係る負債（資産）の増減」には含めない。
(5)持分法適用会社の退職給付に係る調整額の変動	組替調整のみ○	×	組替調整によって費用計上された場合は営業活動によるキャッシュ・フロー上でプラスの調整を入れる。

2．項目ごとの解説

(1)　退職給付費用の発生

　退職給付費用（勤務費用，利息費用，期待運用収益）の発生は，税金等調整前当期純利益に含まれますが，実際のキャッシュの動きを伴いません。

したがって，退職給付費用として連結損益計算書へ計上した金額は，連結キャッシュ・フロー計算書の営業活動によるキャッシュ・フローでプラス調整する必要があります。

【退職給付費用が100発生した場合】

① 個別財務諸表

| （借） 退職給付費用 | 100 | （貸） 退職給付引当金 | 100 |

② 連結財務諸表

| （借） 退職給付引当金 | 100 | （貸） 退職給付に係る負債 | 100 |

③ 連結キャッシュ・フロー計算書での調整

| 退職給付に係る負債の増減 100 |

(2) 退職金の従業員への支払，年金基金への掛金拠出

従業員や年金基金への支払は，(1)とは逆で，税金等調整前当期純利益に含まれませんが，実際のキャッシュの動きを伴います。

したがって，従業員や年金基金への支払額を，連結キャッシュ・フロー計算書の営業活動によるキャッシュ・フローでマイナス調整する必要があります。

なお，年金基金からの従業員への年金支払は，会計仕訳が行われず，かつ，会社のキャッシュへ影響を与えないため，考慮する必要はありません。

【従業員への一時金支払が100発生した場合】

① 個別財務諸表

| （借） 退職給付引当金 | 100 | （貸） 現 金 預 金 | 100 |

② 連結財務諸表（連結修正仕訳）

| （借） 退職給付に係る負債 | 100 | （貸） 退職給付引当金 | 100 |

③ 連結キャッシュ・フロー計算書での調整

| 退職給付に係る負債の増減 △100 |

実務上(1)と(2)の調整を行う際は，連結貸借対照表上の退職給付に係る負債

（または資産）の単純増減から未認識項目の発生を控除した金額で調整することが考えられます。

当該金額は，連結キャッシュ・フロー計算書では，「退職給付に係る負債（または資産）の増減」等の適切な項目で記載します。

(3) 未認識項目の発生

未認識項目の新規発生は，税金等調整前当期純利益に含まれず，実際のキャッシュの動きを伴いません。したがって，連結キャッシュ・フロー計算書の営業活動によるキャッシュ・フローでは一切の調整が不要です。

しかし，連結貸借対照表上の退職給付に係る負債（または資産）の増減をそのまま連結キャッシュ・フロー計算書上の「退職給付に係る負債（または資産）の増減額」としてしまうと，調整が不要であるはずの未認識項目の発生が，連結キャッシュ・フロー計算書の中に出てきてしまいます。

(1)(2)の調整時に，連結貸借対照表上の退職給付に係る負債（または資産）の増減から未認識項目にかかる増減を控除する必要があるのは，当該未認識項目の発生を，連結キャッシュ・フロー計算書上の「退職給付に係る負債（または資産）の増減額」へ含めないためです。

【新規未認識項目が100発生した場合】

① 個別財務諸表

仕訳なし

② 連結財務諸表

（借）　退職給付に係る調整額　　　100　（貸）　退職給付に係る負債　　　100

③ 連結キャッシュ・フロー計算書での調整

調整なし

(4) 未認識項目の組替調整

未認識項目の組替調整は，税金等調整前当期純利益に含まれますが，実際のキャッシュの動きを伴いません。したがって，連結キャッシュ・フロー計算書

の営業活動によるキャッシュ・フローで調整する必要があります。

　調整を行うには，退職給付費用に含まれる未認識項目の組替調整額を抜き出して加算する必要があります。未認識項目は連結財務諸表上，即時認識され退職給付に係る負債（または資産）へ含まれることから，個別財務諸表で費用処理をされても，退職給付に係る負債（または資産）の金額は変動しないため，退職給付に係る負債（または資産）増減から調整を行うことができないからです。

　加えて，調整時の科目名に留意する必要があります。組替調整は退職給付に係る負債（または資産）増減に影響しないため，連結キャッシュ・フロー計算書上は「退職給付に係る負債（または資産）の増減額」には含めません。「退職給付費用」や「その他」等の適切な項目で記載することが考えられます。

【未認識項目が個別上100費用処理された場合】

① 　個別財務諸表

| （借）　退職給付費用 | 100 | （貸）　退職給付引当金 | 100 |

② 　連結財務諸表

| （借）　退職給付引当金 | 100 | （貸）　退職給付に係る調整額 | 100 |

③ 　連結キャッシュ・フロー計算書での調整

| 退職給付費用　100 |

(5)　持分法適用会社の退職給付に関する連結キャッシュ・フロー計算書上の調整

　連結キャッシュ・フロー計算書上の調整を考えます。

　持分法適用会社の退職給付に係る調整額の変動は，組替調整額を除き税金等調整前当期純利益に含まれず，実際のキャッシュの動きを伴いません。したがって，連結キャッシュ・フロー計算書の営業活動によるキャッシュ・フローでは一切の調整が不要です。

　持分法適用会社の個別財務諸表に含まれる組替調整額は，「持分法による投資損益」として税金等調整前当期純利益に含まれますが，実際のキャッシュの動きを伴わないため，連結キャッシュ・フロー計算書では，「持分法による投

第5章 退職給付会計の開示論点を理解する　　*141*

資損益」等の適切な項目で調整を行います。

　持分法適用会社の退職給付に係る会計処理については **Q 4 -19**をご参照ください。

> **ここ注意！**
>
> 　組替調整に係る調整を連結キャッシュ・フロー計算書で行う場合，科目は「退職給付費用」等を使用します。

Q5-6 開示が求められる注記事項

Q	退職給付会計で求められる財務諸表上の注記にはどのようなものがありますか。
A	退職給付会計の注記は大きく分けて，「会計方針」と「退職給付に係る注記」があります。

解 説

　退職給付会計基準では財務諸表の有用性を高めるため，また，国際的なコンバージェンスの観点から，注記事項の拡充が図られています。図表5-3は退職給付会計基準により注記が求められている事項の一覧です（退職給付会計基準30）。

図表5-3	退職給付会計基準により注記が求められている事項	
会計方針 に係る注記	(1)退職給付の会計処理基準に関する事項 ・退職給付見込額の期間帰属方法 ・数理計算上の差異および過去勤務費用の費 　用処理方法など	個別・連結 ともに注記
退職給付 に係る注記	(2)企業の採用する退職給付制度の概要 (3)退職給付債務の期首残高と期末残高の調整表 (4)年金資産の期首残高と期末残高の調整表 (5)退職給付債務および年金資産と貸借対照表に 　計上された退職給付に係る負債および資産の 　調整表 (6)退職給付に関連する損益 (7)その他の包括利益に計上された数理計算上の 　差異および過去勤務費用の内訳 (8)貸借対照表のその他の包括利益累計額に計上 　された未認識数理計算上の差異および未認識 　過去勤務費用の内訳 (9)年金資産に関する事項（年金資産の主な内訳 　を含む） (10)数理計算上の計算基礎に関する事項 (11)その他の退職給付に関する事項	連結で注記している 場合，個別での注記 は不要

　図表5-3のとおり，会計方針に係る注記のほか，貸借対照表や損益計算書からは読み取りきれない退職給付制度の概要や，退職給付債務・年金資産・勤務費用・利息費用・期待運用収益等の総額ベースでの情報を退職給付に係る注記として開示することで，財務諸表の利用可能性を高めています。

　なお，最後の項目である「その他の退職給付に関する事項」には，厚生年金基金制度における代行部分に係る退職給付債務および最低責任準備金の内容等を記載することができるものとされています（連結財規ガイドライン15の8⑨）。

　Q5-8で，退職給付に係る開示に関連して整合性を確認すべき箇所を詳しく記載していますので，参考にしてください。

Q5-7 退職給付に係る注記作成までの流れ

Q 退職給付に係る注記（包括利益注記，退職給付関係注記）の作成方法およびそのもととなる会計数値の整理方法，関連する仕訳について説明してください。

A 単純化した設例を用いて解説します。

解説

以下の事例のX2年度における退職給付に関係する注記の作成方法について解説します。

1．前提条件

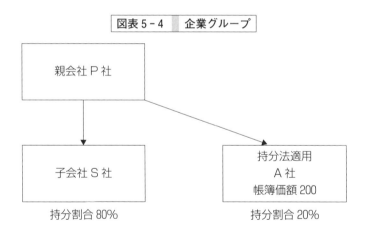

図表 5-4　企業グループ

① **X0年度以前**
- P社，S社，A社：退職給付引当金の計上はなし，利益剰余金の残高はなし。
- P社はS社およびA社の株式をX0年度期末に取得。

② X1年度

連結上の当期純利益は100,000（S社・A社とも個別上での当期純利益は0）。

図表5-5　退職給付関連項目

	X1年度	P社	S社	A社
①	勤務費用	△65,000	△6,000	△800
②	利息費用	△5,000	△2,000	△300
③	期待運用収益	8,000	3,000	100
④	数理計算上の差異（PBO）	△10,000	△2,000	△400
⑤	数理計算上の差異（年金資産）	△6,000	△1,000	△100
⑥	掛金拠出額	18,000	15,000	600
⑦	退職給付債務	△80,000	△10,000	△1,500
⑧	年金資産	20,000	17,000	600
⑨	個別上の退職給付引当金（前払年金費用）	△44,000	10,000	△400
⑩	連結上の退職給付に係る負債（退職給付に係る資産）	△60,000	7,000	△900

第5章　退職給付会計の開示論点を理解する　*145*

③　X2年度

連結上の当期純利益は100,000（S社・A社とも個別上での当期純利益は0）。

図表5-6　退職給付関連項目

	X2年度	P社	S社	A社
❶	勤務費用	△80,000	△4,500	△1,000
❷	利息費用	△8,000	△2,500	△400
❸	期待運用収益	8,000	1,600	200
❹	数理計算上の差異（PBO）	△12,000	△3,000	△500
❺	数理計算上の差異（年金資産）	△5,000	△600	△200
❹'	数理計算上の差異（PBO）費用処理	△2,000	△400	△80
❺'	数理計算上の差異（年金資産）費用処理	△1,200	△200	△20
❻	掛金拠出額	18,000	7,000	1,000
❼	退職給付債務	△180,000	△20,000	△3,400
❽	年金資産	41,000	25,000	1,600
❾	個別上の退職給付引当金（前払年金費用）	△109,200	11,000	△700
❿	連結上の退職給付に係る負債（退職給付に係る資産）	△139,000	5,000	△1,800

実効税率は40％，繰延税金資産はすべて回収可能性があるものとします。

数理計算上の差異は翌年度から5年均等額を費用処理するものとし，記載のない項目の発生はないものとします。

退職給付制度は会社ごとに1つであり，すべて積立型です。

2．会計処理

X0年度末からX2年度末までの各会社の数字の推移を注記を作成しやすいように整理しました。

図表 5-7　退職給付関連項目推移

P社	X0年末	退職給付費用	掛金拠出額	合計	未認識項目	X1年期末	退職給付費用	掛金拠出額	合計	未認識項目	X2年期末
退職給付債務	0	①△65,000		△65,000		⑦△65,000	❶△80,000		△145,000		❼△145,000
	0	②△5,000		△5,000	④△10,000	△15,000	❷△8,000		△23,000	❹△12,000	△35,000
年金資産	0	③8,000	⑥18,000	26,000	⑤△6,000	⑧20,000	❸8,000	❻18,000	46,000	❺△5,000	❽41,000
連結	0	△62,000	18,000	△44,000	△16,000	⑩△60,000	△80,000	18,000	△122,000	△17,000	❿△139,000
未認識退職給付債務	0			0	10,000	10,000	❹'△2,000		8,000	12,000	20,000
未認識年金資産	0			0	6,000	6,000	❺'△1,200		4,800	5,000	9,800
単体	0	△62,000	18,000	△44,000	0	⑨△44,000	△83,200	18,000	△109,200	0	❾△109,200

S社	X0年末	退職給付費用	掛金拠出額	合計	未認識項目	X1年期末	退職給付費用	掛金拠出額	合計	未認識項目	X2年期末
退職給付債務	0	①△6,000		△6,000		⑦△6,000	❶△4,500		△10,500		❼△10,500
	0	②△2,000		△2,000	④△2,000	△4,000	❷△2,500		△6,500	❹△3,000	△9,500
年金資産	0	③3,000	⑥15,000	18,000	⑤△1,000	⑧17,000	❸1,600	❻7,000	25,600	❺△600	❽25,000
連結	0	△5,000	15,000	10,000	△3,000	⑩7,000	△5,400	7,000	8,600	△3,600	❿5,000
未認識退職給付債務	0			0	2,000	2,000	❹'△400		1,600	3,000	4,600
未認識年金資産	0			0	1,000	1,000	❺'△200		800	600	1,400
単体	0	△5,000	15,000	10,000	0	⑨10,000	△6,000	7,000	11,000	0	❾11,000

A社	X0年末	退職給付費用	掛金拠出額	合計	未認識項目	X1年期末	退職給付費用	掛金拠出額	合計	未認識項目	X2年期末
退職給付債務	0	①△800		△800		⑦△800	❶△1,000		△1,800		❼△1,800
	0	②△300		△300	④△400	△700	❷△400		△1,100	❹△500	△1,600
年金資産	0	③100	⑥600	700	⑤△100	⑧600	❸200	❻1,000	1,800	❺△200	❽1,600
連結	0	△1,000	600	△400	△500	⑩△900	△1,200	1,000	△1,100	△700	❿△1,800
未認識退職給付債務	0			0	400	400	❹'△80		320	500	820
未認識年金資産	0			0	100	100	❺'△20		80	200	280
単体	0	△1,000	600	△400	0	⑨△400	△1,300	1,000	△700	0	❾△700

3．具体的な開示

　X2年度末の具体的な注記は以下のようになります。図表5-7に整理された

第5章　退職給付会計の開示論点を理解する　　*147*

各数値を用いて包括利益の注記や退職給付の注記は作成されます。図表5-7
と図表5-8の整合性は参照番号で表してあります。各数値との関連欄をみて
ください。

図表5-8　開示例

	解説	各数値との関連
【連結貸借対照表】 固定資産 　退職給付に係る資産　5,000	資産側に残高がある場合は、「退職給付に係る資産」として開示します。なお、複数の退職給付制度を採用している場合で、制度ごとに計算した積立状況を示す額が資産と負債のそれぞれにある場合、純額とすることはできません。	S社❿
固定負債 　退職給付に係る負債 139,000	負債側に残高がある場合は、「退職給付に係る負債」として開示します。なお、複数の退職給付制度を採用している場合で、制度ごとに計算した積立状況を示す額が資産と負債のそれぞれにある場合、純額とすることはできません。	P社❿
純資産 その他の包括利益累計額 　退職給付に係る調整累計額 　　　　　　　△20,892	税効果後の残高を記載します。なお、資産側で残高が残った場合も、負の値で純資産の部へ表示します。	
【連結包括利益計算書】 当期純利益　　　　100,000	連結損益計算書の金額と一致します。	

その他の包括利益 　　退職給付に係る調整額 　　　　　　　　　　△10,080	連結包括利益計算書関係の注記と一致します。 連結包括利益計算書関係の注記と一致します。	
持分法適用会社に対する 　　持分相当額　　　　　△72	なお，持分法適用会社の「退職給付に係る調整額」に対する持分相当額は，「持分法適用会社に対する持分相当額」としてその他の持分法適用会社の包括利益と合算し表示します。	
その他の包括利益合計 　　　　　　　　　　△10,152 包括利益　　　　　　 89,848 （内訳） 　　親会社株主に係る利益 　　　　　　　　　　 90,208		
非支配株主に係る包括利益 　　　　　　　　　　 △360	非支配株主に係る包括利益を記載します。当設例ではS社単体の当期純利益は0のため，退職給付に係る調整額の非支配株主持分が記載されています。	
【注記事項】 （連結包括利益計算書関係） ※その他の包括利益に係る組替調 　整額及び税効果額 退職給付に係る調整額 　　当期発生額　　　 △20,600	当期新規に発生した未認識項目の金額を記載します。	P 社 ❹＋P 社 ❺＋ S 社 ❹＋S 社 ❺
組替調整額　　　　 3,800	当期以前に認識した未認識項目のうち，当期中に費用化された金額を記載します。	－（P社❹'＋P社❺' ＋S社❹'＋S社❺'）
税効果調整前　△16,800		－
税効果額　　　 6,720	税効果金額を控除します。	税効果調整前金額 ×40%
退職給付に係る調整額 　　　　　　　　　　△10,080	連結包括利益計算書と一致します。	－

第5章　退職給付会計の開示論点を理解する　*149*

持分法適用会社に対する持分相当額		
当期発生額　　　△84	持分法適用会社で当期新規に発生した未認識項目の金額の持分相当額を記載します（税効果後）。	（A社❹＋A社❺）×（1−40%）×20%
組替調整額　　　　12	当期以前に認識した未認識項目のうち，持分法適用会社で当期中に費用化された金額の持分相当額を記載します。	（A社❹′＋A社❺′）×（1−40%）×20%
持分法適用会社に対する持分相当額　　△72	連結包括利益計算書と一致します。	

（退職給付関係）
1．採用している退職給付制度の概要
　　～省略～

2．確定給付制度

(1)　退職給付債務の期首残高と期末残高の調整表	勤務費用，利息費用など，退職給付債務の増減要因を開示します。	
退職給付債務の期首残高　　　　　　　　90,000	前期注記額の期末残高と一致します。	
勤務費用　　　　84,500	連結子会社も含めた各社で発生した合計となります。	−（P社❶＋S社❶）
利息費用　　　　10,500	同上	−（P社❷＋S社❷）
数理計算上の差異の発生額　　　　　　　15,000	同上	−（P社❹＋S社❹）
退職給付債務の期末残高　　　　　　　200,000	合計	
(2)　年金資産の期首残高と期末残高の調整表	期待運用収益など，年金資産の増減要因を開示します。	
年金資産の期首残高　37,000	前期注記額の期末残高と一致します。	
期待運用収益　　　9,600	連結子会社も含めた各社で発生した合計となります。	P社③＋S社③

数理計算上の差異の発生額 △5,600	同上	Ｐ社⑤＋Ｓ社⑤
事業主からの拠出額 25,000	同上	Ｐ社⑥＋Ｓ社⑥
年金資産の期末残高 66,000	合計	
(3) 退職給付債務及び年金資産の期末残高と連結貸借対照表に計上された退職給付に係る負債及び退職給付に係る資産の調整表	退職給付債務・年金資産の残高と貸借対照表計上額との関係を開示します。	
積立型制度の退職給付債務 200,000	退職給付債務のうち，積立型制度に係るものを記載します。非積立型との合計は，⑴の金額と一致します。	－
年金資産 △66,000	連結子会社も含めた年金資産の合計額を記載します。⑵と一致しますが，⑶は債務側から見た表となるため，⑵とは符号が逆になります。	－
非積立型制度の退職給付債務 0	当設例ではすべて積立型制度としているため，０となります。	－
連結貸借対照表に計上された負債と資産の純額 134,000		
退職給付に係る負債 139,000	連結貸借対照表と一致します。	－ Ｐ社❿
退職給付に係る資産 △5,000	連結貸借対照表と一致します。	－ Ｓ社❿
連結貸借対照表に計上された負債と資産の純額 134,000		
(4) 退職給付費用及びその内訳項目の金額	退職給付費用の内訳を開示します。	
勤務費用 84,500	連結子会社も含めた各社で発生した合計となります。	－（Ｐ社❶＋Ｓ社❶）
利息費用 10,500	同上	－（Ｐ社❷＋Ｓ社❷）
期待運用収益 △9,600	同上	－（Ｐ社❸＋Ｓ社❸）
数理計算上の差異の費用処理額 3,800	同上	－（Ｐ社❹＋Ｐ社❹’ ＋Ｓ社❹’＋Ｓ社❺’）

第5章　退職給付会計の開示論点を理解する　*151*

過去勤務費用の費用処理額　　　　0	同上	N/A
確定給付制度に係る退職給付費用　　　89,200	連結損益計算書上の退職給付費用と一致します。	合計
(5)　退職給付に係る調整額 　　退職給付に係る調整額に計上した項目（税効果控除前）の内訳は次のとおりであります。	退職給付に係る調整額の内訳を開示します。連結特有の開示項目です。	
数理計算上の差異　△16,800	連結子会社も含めた各社で当期中に発生した未認識項目及び，費用処理した金額の合計となります。	P社❹＋P社❺－（P社❹'＋P社❺'）＋S社❹＋S社❺－（S社❹'＋S社❺'）
合計　　　　　　　△16,800		
(6)　退職給付に係る調整累計額 　　退職給付に係る調整累計額に計上した項目（税効果控除前）の内訳は次のとおりであります。	退職給付に係る調整累計額の内訳を開示します。連結特有の開示項目です。	
未認識数理計算上の差異　　　　　　　35,800	連結子会社も含め，期末の個別上未認識額の合計となります。 前期末の(6)退職給付に係る調整累計額の金額から，当期の(5)退職給付に係る調整額を控除した金額と一致します。	－
合計　　　　　　　35,800		
(7)　年金資産に関する事項 　　～省略～	年金資産に関する事項として，主な内訳と長期期待運用収益率の設定方法を開示します。	
(8)　数理計算上の計算基礎に関する事項 　　～省略～	退職給付会計の計算基礎となる割引率等を開示します。	

152

4．仕 訳

　参考までに，X2年度の仕訳を記載しておきます。調整額とは「退職給付に係る調整額」のことです。

図表5-9　退職給付関連仕訳

P社の個別財務諸表上の退職給付関連仕訳		仕訳の内容の解説	表との関連
（借）退職給付費用 　　　80,000	（貸）退職給付引当金 　　　80,000	X2年に発生した退職給付費用の計上を行います。	❶❷❸
（借）退職給付引当金 　　　18,000	（貸）現金預金 　　　18,000	X2年の掛金拠出時の仕訳です。	❻
（借）繰延税金資産 　　　24,800	（貸）法人税等調整額 　　　24,800	上記の税効果の仕訳です（62,000×40%）。	―
（借）退職給付費用 　　　3,200	（貸）退職給付引当金 　　　3,200	X1年に発生した数理計算上の差異の費用処理の仕訳です（《10,000＋6,000》/5）。	❹'❺'
（借）繰延税金資産 　　　1,280	（貸）法人税等調整額 　　　1,280	上記の税効果の仕訳です（3,200×40%）。	―

S社の個別財務諸表上の退職給付関連仕訳		仕訳の内容の解説	表との関連
（借）退職給付費用 　　　5,400	（貸）前払年金費用 　　　5,400	X2年に発生した退職給付費用の計上を行います。	❶❷❸
（借）前払年金費用 　　　7,000	（貸）現金預金 　　　7,000	X2年の掛金拠出時の仕訳です。	❻
（借）法人税等調整額 　　　640	（貸）繰延税金負債 　　　640	上記の税効果の仕訳です（1,600×40%）。	―
（借）退職給付費用 　　　600	（貸）前払年金費用 　　　600	X1年中に発生した数理計算上の差異の費用処理の仕訳です（《2,000＋1,000》/5）。	❹'❺'
（借）繰延税金資産 　　　240	（貸）法人税等調整額 　　　240	上記の税効果の仕訳です（600×40%）。	―

第5章 退職給付会計の開示論点を理解する　*153*

A 社の個別財務諸表上の退職給付関連仕訳	仕訳の内容の解説	表との関連
（借）退職給付費用　（貸）退職給付引当金 　　　　1,200　　　　　　　　　1,200	X2年に発生した退職給付費用の計上を行います。	❶❷❸
（借）退職給付引当金　（貸）現金預金　1,000 　　　　1,000	X2年の掛金拠出時の仕訳です。	❻
（借）繰延税金資産　（貸）法人税等調整額 　　　　80　　　　　　　　　　80	上記の税効果の仕訳です（200×40%）。	－
（借）退職給付費用　（貸）退職給付引当金 　　　　100　　　　　　　　　100	X1年中に発生した数理計算上の差異の費用処理の仕訳です（《400＋100》/5）。	❹'❺'
（借）繰延税金資産　（貸）法人税等調整額 　　　　40　　　　　　　　　　40	上記の税効果の仕訳です（100×40%）。	－

P 社の連結財務諸表上の退職給付関連仕訳（連結修正仕訳）
以下は，上記までの個別での処理を前提とした，連結修正仕訳の解説です。

（P 社分）	仕訳の内容の解説	表との関連
（開始仕訳）	X1年度に行った連結修正仕訳を開始仕訳として引き継ぎます。	
（借）退職給付引当金　（貸）退職給付に係る 　　　　44,000　　　　　負債　　44,000	個別上の退職給付引当金を退職給付に係る負債へ振り替えている仕訳です。	－
（借）調整額期首残高　（貸）退職給付に係る 　　　　16,000　　　　　負債　　16,000	数理計算上の差異について X1年度末残高を認識している仕訳です。	－
（借）繰延税金資産　（貸）調整額期首残高 　　　　6,400　　　　　　　　　6,400	上記の税効果の仕訳です（16,000×40%）。	－
（個別処理の振り戻しと組替調整）	個別上で費用処理された数理計算上の差異は，連結上では X1年度に退職給付に係る負債としてすでに認識しているため，組替調整を行います。	－
（借）退職給付引当金　（貸）退職給付費用 　　　　3,200　　　　　　　　　3,200	個別上の費用処理の仕訳の逆仕訳を行い，一旦費用処理をなかったことにします（2,000＋1,200）。	❹'❺'

（借）法人税等調整額 （貸）繰延税金資産 1,280 1,280	個別上の費用処理に係る税効果 仕訳も同様に逆仕訳を行います。	－
（借）退職給付費用 （貸）調整額 3,200 3,200	過年度に包括利益を通して調整 されたためその他の包括利益累 計額に含まれている金額を，損 益計算書を通して利益剰余金へ 組み替える仕訳を行います（組 替調整）。	－
（借）調整額 （貸）法人税等調整額 1,280 1,280	上記の税効果の仕訳です （3,200×40%）。	－
（当期発生額の振替と未認識項目の認識）		
（借）退職給付引当金 （貸）退職給付に係る 62,000 負債 62,000	X2年中に勤務費用，利息費用， 期待運用収益，掛金拠出により 変動した退職給付引当金を退職 給付に係る負債へ振り替えます （80,000－18,000）。	❶❷❸❻
（借）調整額 （貸）退職給付に係る 17,000 負債 17,000	X2年中に発生した数理計算上 の差異を退職給付に係る負債に 計上します。	❹❺
（借）繰延税金資産 （貸）調整額 6,800 6,800	上記の税効果の仕訳です （17,000×40%）。	－

（S社分）

	仕訳の内容の解説	表との関連
（開始仕訳）	X1年度に行った連結修正仕訳 を開始仕訳として引き継ぎま す。	
（借）退職給付に係る （貸）前払年金費用 資産 10,000 10,000	個別上の退職給付引当金（前払 年金費用）を退職給付に係る資 産へ振り替えている仕訳です。	－
（借）調整額期首残高 （貸）退職給付に係る 3,000 資産 3,000	数理計算上の差異についてX1 年度末残高を認識している仕訳 です。	－
（借）繰延税金負債 （貸）調整額期首残高 1,200 1,200	上記の税効果の仕訳です （3,000×40%）。	

(借) 非支配株主持分 360 (貸) 調整額期首残高 360	調整額（税効果後）の20%を非支配株主持分へ振り替えている仕訳です（《3,000−1,200》×20%）。	－
（個別処理の振り戻しと組替調整）	個別上で費用処理された数理計算上の差異は，連結上ではX1年度に退職給付に係る負債としてすでに認識しているため，組替調整を行います。	
(借) 前払年金費用 600 (貸) 退職給付費用 600	個別上の費用処理の仕訳の逆仕訳を行い，一旦費用処理をしなかったことにします。	❹'❺'
(借) 法人税等調整額 240 (貸) 繰延税金負債 240	個別上の費用処理に係る税効果仕訳も同様に逆仕訳を行います。	－
(借) 退職給付費用 600 (貸) 調整額 600	過年度に包括利益を通して調整されたためその他の包括利益累計額に含まれている金額を，損益計算書を通して利益剰余金へ組み替える仕訳を行います（組替調整）。	－
(借) 調整額 240 (貸) 法人税等調整額 240	上記の税効果の仕訳です（600×40%）。	－
(借) 調整額 72 (貸) 非支配株主持分 72	調整額（税効果後）の20%を非支配株主持分へ振り替えている仕訳です（《600−240》×20%）	－
（当期発生額の振替と未認識項目の認識）		
(借) 退職給付に係る資産 1,600 (貸) 前払年金費用 1,600	X2年に勤務費用，利息費用，期待運用収益，掛金拠出により変動した退職給付引当金を退職給付に係る資産へ振り替えます。	❶❷❸❻
(借) 調整額 3,600 (貸) 退職給付に係る資産 3,600	X2年中に発生した数理計算上の差異を退職給付に係る資産に計上します。	❹❺
(借) 繰延税金負債 1,440 (貸) 調整額 1,440	上記の税効果の仕訳です（3,600×40%）。	－

（借）非支配株主持分 432	（貸）調整額 432	調整額（税効果後）の20%を非支配株主持分へ振り替えている仕訳です（《3,600−1,440》×20%）。	−

（A社分）		仕訳の内容の解説	表との関連
（開始仕訳）		X1年度に行った連結修正仕訳を開始仕訳として引き継ぎます。	
（借）A社株式 （退職給付引当金） 80	（貸）A社株式（退職給付に係る負債） 80	個別上の退職給付引当金を退職給付に係る負債へ振り替えている仕訳です（400×20%）。	−
（借）調整額期首残高 100	（貸）A社株式（退職給付に係る負債）100	数理計算上の差異のX1年度末残高を認識している仕訳です（500×20%）。	−
（借）A社株式 （繰延税金資産）40	（貸）調整額期首残高 40	上記の税効果の仕訳です（100×40%）。	−
（個別処理の振り戻しと組替調整）		個別上で費用処理された数理計算上の差異の金額は，連結上ではX1年度に退職給付に係る負債としてすでに認識しているため，組替調整を行います。	−
（借）A社株式 （退職給付引当金） 20	（貸）持分法投資損益 （退職給付費用） 20	個別上の費用処理の仕訳の逆仕訳を行い，一旦費用処理をなかったことにします（100×20%）。この仕訳と次の税効果の仕訳を入れることにより，A社株式の評価は変わらず，組替調整の仕訳のみ残ることになります。	❹'❺'
（借）持分法投資損益 （法人税等調整額） 8	（貸）A社株式 （繰延税金資産） 8	個別上の費用処理に係る税効果仕訳も同様に逆仕訳を行います。この仕訳と1つ前の仕訳を入れることにより，A社株式の評価は変わらず，組替調整の仕訳のみ残ることになります。	−

第 5 章　退職給付会計の開示論点を理解する　　*157*

（借）持分法投資損益　（貸）調整額 　（退職給付費用）20　　　　　　20	過年度に包括利益を通して調整されたその他の包括利益累計額に含まれている金額を，損益計算書を通して利益剰余金へ組み替える仕訳を行います（組替調整）。	－
（借）調整額　　　　　8（貸）持分法投資損益 0	上記の税効果の仕訳です（20×40%）。	－
（当期発生額の振替と未認識項目の認識）		
（借）A 社株式　　　　　（貸）A 社株式（退職給 　（退職給付引当金）　　　付に係る負債） 　　　　　　　40　　　　　　　　40	X2年中に勤務費用，利息費用，期待運用収益，掛金拠出により変動した退職給付引当金を退職給付に係る負債へ振り替えます（200×20%）。	❶❷❸❻
（借）調整額　　　　　（貸）A 社株式（退職給 　　　　　140　　　　　付に係る負債）140	X2年中に発生した数理計算上の差異を退職給付に係る負債へ計上します（700×20%）。	❹❺
（借）A 社株式　　　　　（貸）調整額 　（繰延税金資産）56　　　　　　56	数理計算上の差異に対する仕訳です（140×40%）。	－

Q5-8　退職給付に係る注記の留意点

Q	退職給付に係る注記（包括利益注記，退職給付注記）について，注記間および本表・注記間で整合を確認すべき箇所を教えてください。
A	退職給付に係る注記は，注記内や他注記間，本表と整合すべき箇所が多くあります。

解 説

　退職給付に係る注記は Q 5 - 6 で説明したとおり，退職給付について細分化した開示が必要になります。注記間や本表と注記の間で整合していることが求められる箇所が多くあります。以下で，設例により説明します。

158

1．具体的な開示

| 図表 5 -10 | 開示例 |

【注記事項】
（連結包括利益計算書関係）
※その他の包括利益に係る組替調整額及び税効果額

退職給付に係る調整額
　　　当期発生額　　　　　　　　　　　　　　△20,600 ①
　　　組替調整額　　　　　　　　　　　　　　　 3,800 ②

　　　　税効果調整前　　　　　　　　　　　　△16,800 ③
　　　　税効果額　　　　　　　　　　　　　　　 6,720

　　　　その他有価証券評価差額金　　　　　　△10,080 ☆

持分法適用会社に対する持分相当額
　　　当期発生額　　　　　　　　　　　　　　　 △84
　　　組替調整額　　　　　　　　　　　　　　　　 12

　　　　税効果調整前　　　　　　　　　　　　　 △72 ☆

（退職給付関係）
1．採用している退職給付制度の概要
　　　～省略～

2．確定給付制度
　（1）　退職給付債務の期首残高と期末残高の調整表

　　　退職給付債務の期首残高　　　　　　　　 90,000
　　　勤務費用　　　　　　　　　　　　　　　 84,500 ④
　　　利息費用　　　　　　　　　　　　　　　 10,500 ④
　　　数理計算上の差異の発生額　　　　　　　 15,000 ①

　　　退職給付債務の期末残高　　　　　　　 200,000 ⑥

　（2）　年金資産の期首残高と期末残高の調整表

　　　年金資産の期首残高　　　　　　　　　　 37,000
　　　期待運用収益　　　　　　　　　　　　　　 9,600 ⑤
　　　数理計算上の差異の発生額　　　　　　　 △5,600 ①
　　　事業主からの拠出額　　　　　　　　　　 25,000

　　　年金資産の期末残高　　　　　　　　　　 66,000 ⑦

第5章　退職給付会計の開示論点を理解する　　*159*

(3)　退職給付債務及び年金資産の期末残高と連結貸借対照表に計上された退職給付に係る負債及び退職給付に係る資産の調整表

積立型制度の退職給付債務	200,000 ⑥
年金資産	△66,000 ⑦
	134,000
非積立型制度の退職給付債務	0 ⑥
連結貸借対照表に計上された負債と資産の純額	134,000
退職給付に係る負債	139,000 ★
退職給付に係る資産	△5,000 ★
連結貸借対照表に計上された負債と資産の純額	134,000

(4)　退職給付費用及びその内訳項目の金額

勤務費用	84,500 ④
利息費用	10,500 ④
期待運用収益	△9,600 ⑤
数理計算上の差異の費用処理額	3,800 ②
過去勤務費用の費用処理額	0 ②
確定給付制度に係る退職給付費用	89,200

(5)　退職給付に係る調整額
　　退職給付に係る調整額に計上した項目（税効果控除前）の内訳は次のとおりであります。

数理計算上の差異	△16,800
合計	△16,800 ③

(6)　退職給付に係る調整累計額
　　退職給付に係る調整累計額に計上した項目（税効果控除前）の内訳は次のとおりであります。

未認識数理計算上の差異	35,800
合計	35,800

(7)　年金資産に関する事項
　　〜省略〜

(8)　数理計算上の計算基礎に関する事項
　　〜省略〜

2．解　説

⑴　本表と注記間の整合

　図表5-10中，★の数字は連結貸借対照表と，☆の数字は連結包括利益計算書と一致します。

⑵　注記間の整合

①　連結包括利益計算書関係注記と退職給付関係注記2

　（連結包括利益計算書関係）注記で記載される「退職給付に係る調整額」の「当期発生額」は，（退職給付関係）注記2⑴退職給付債務の期首残高と期末残高の調整表の「数理計算上の差異の発生額」および「過去勤務費用の発生額」の合計（この例では過去勤務費用は発生していません）と，（退職給付関係）注記2⑵年金資産の期首残高と期末残高の調整表の「数理計算上の差異の発生額」との合算額と整合します。ただし，2⑴は負債側からの注記となりますので，符号が逆になります。

②　連結包括利益計算書関係注記と退職給付関係注記2

　（連結包括利益計算書関係）注記で記載される「退職給付に係る調整額」の「組替調整額」は，（退職給付関係）注記2⑷退職給付費用及びその内訳項目の金額の「数理計算上の差異の費用処理額」および「過去勤務費用の費用処理額」の合計と整合します。

③　連結包括利益計算書関係注記と退職給付注記2

　（連結包括利益計算書関係）注記で記載される「退職給付に係る調整額」の「税効果調整前」は，（退職給付関係）注記2⑸退職給付に係る調整額の「合計」と整合します。

　また，（退職給付関係）注記2⑸退職給付に係る調整額の「合計」は（退職給付関係）注記2⑹退職給付に係る調整累計額の当連結会計年度と前連結会計年度の差額と一致することに留意してください。

第5章 退職給付会計の開示論点を理解する *161*

④ **退職給付関係注記2 退職給付債務と退職給付費用**

（退職給付関係）注記2(1)退職給付債務の期首残高と期末残高の調整表の「勤務費用」および「利息費用」は，（退職給付関係）注記2(4)退職給付費用及びその内訳項目の金額の「勤務費用」および「利息費用」と整合します。

⑤ **退職給付関係注記2 年金資産と退職給付費用**

（退職給付関係）注記2(2)年金資産の期首残高と期末残高の調整表の「期待運用収益」は，（退職給付関係）注記2(4)退職給付費用及びその内訳項目の金額の「期待運用収益」と整合します。ただし，2(4)は費用側からの注記となりますので，符号が逆になります。

⑥ **退職給付関係注記2 退職給付債務と連結貸借対照表の調整表**

（退職給付関係）注記2(1)「退職給付債務の期首残高と期末残高の調整表の「退職給付債務の期末残高」は，（退職給付関係）注記2(3)退職給付債務及び年金資産の期末残高と連結貸借対照表に計上された退職給付に係る負債及び退職給付に係る資産の調整表の「積立型制度の退職給付債務」と「非積立型制度の退職給付債務」の合計と整合します。

⑦ **退職給付関係注記2 年金資産と連結貸借対照表の調整表**

（退職給付関係）注記2(2)年金資産の期首残高と期末残高の調整表の「年金資産の期末残高」は，（退職給付関係）注記2(3)退職給付債務及び年金資産の期末残高と連結貸借対照表に計上された退職給付に係る負債及び退職給付に係る資産の調整表の「年金資産」と整合します。ただし，2(3)は負債側からの注記となりますので，符号が逆になります。

162

Q5-9　簡便法の注記

Q	簡便法に関する注記について教えてください。
A	簡便法を採用している場合，適用した退職給付債務の計算方法を含む制度の概要，ならびに退職給付債務および年金資産と財務諸表計上額の差異に関する注記を行います。

解説

　簡便法を適用した退職給付制度がある場合，以下の事項を注記します（退職給付適用指針62）。

① 　退職給付の会計処理基準に関する事項として，適用した退職給付債務の計算方法
② 　確定給付制度の概要として，簡便法を適用した制度の概要
③ 　簡便法を適用した制度の，退職給付に係る負債（または資産）の期首残高と期末残高の調整表
④ 　退職給付債務および年金資産と貸借対照表に計上された退職給付に係る資産および負債の調整表
⑤ 　退職給付費用

図表 5-11　開示例（簡便法のみの場合）

（連結財務諸表作成のための基本となる重要な事項）
会計方針に関する事項
　退職給付に係る会計処理の方法
　　当社及び連結子会社は，退職給付に係る負債及び退職給付費用の計算に，退職給付に係る期末自己都合要支給額を退職給付債務とする方法を用いた簡便法を適用しております。

> 上記はあくまで例示であり，各社の状況に応じて記載を行う必要があります

第5章　退職給付会計の開示論点を理解する　　*163*

（退職給付関係）
1．採用している退職給付制度の概要
　当社は，退職給付制度として，…。
〜退職給付制度の概要について記載〜
　なお，当社および連結子会社が有する確定給付企業年金制度は，簡便法により
退職給付に係る負債及び退職給付費用を計算しております。

2．確定給付制度
(1)　簡便法を適用した制度の，退職給付に係る負債の期首残高と期末残高の調整
　　表

退職給付に係る負債の期首残高	10,000	原則法と異なり，退職給付債務と年金資産の増減を一緒に開示します
退職給付費用	1,400	
退職給付の支払額	△ 900	
制度への拠出額	△ 300	
退職給付に係る負債の期末残高	10,200	

(2)　退職給付債務及び年金資産と貸借対照表に計上された退職給付に係る資産及
　　び負債の調整表

積立型制度の退職給付債務	30,000	退職給付債務・年金資産の残高と貸借対照表計上額との関係を開示します
年金資産	△ 15,000	
連結貸借対照表に計上された負債と資産の純額	15,000	
退職給付に係る負債	15,000	
連結貸借対照表に計上された負債と資産の純額	15,000	

(3)　退職給付費用

簡便法で計算した退職給付費用　1,400	損益計算書へ計上した費用額を開示します

簡便法の要件や会計処理については，**Q4-13〜15**をご参照ください。

Q5-10 確定拠出制度の開示

Q 確定拠出制度における，本表での勘定科目を含めた開示について教えてください。

A 確定拠出制度の場合，要拠出額をもって費用処理し，制度の概要および費用処理額を注記します。

解 説

確定拠出制度は，当該制度に基づく要拠出額をもって費用処理します（退職給付会計基準31）。したがって，注記も含めた開示は確定給付制度と比較して単純なものとなります。

1．本表での開示

貸借対照表上は，確定給付制度で使用される「退職給付に係る負債」，「退職給付引当金」といった勘定科目は使用しません。確定拠出制度では，会社は拠出額以上の負担を負わないので退職給付債務の会計上の認識が不要となるためです。

損益計算書では，当期の要拠出額を「退職給付費用」として売上原価または販売費及び一般管理費に計上します（退職給付会計基準32，28）。なお，要拠出額のうち未払の部分がある場合は，未払金として計上します。

```
(借) 退職給付費用    ×××  (貸) 現 金 預 金    ×××
                          未  払  金    ×××
```

2．注 記

確定拠出制度を採用している場合に求められる注記は，「企業の採用する確定拠出制度の概要」，「確定拠出制度に係る退職給付費用の額」，「その他の事項」であり，連結財務諸表において注記している場合には，個別財務諸表での注記は不要となります（退職給付会計基準32-2）。

なお，「その他の事項」については，会社等がリスク分担型企業年金を採用

第5章　退職給付会計の開示論点を理解する　*165*

する場合における当該事業年度の翌事業年度以降に拠出することが要求される
リスク対応掛金相当額および当該リスク対応掛金相当額の拠出に関する残存年
数を記載するものとされています（財規ガイドライン8の13の2）。

図表5-12　開示例（確定拠出制度のみの場合）

（退職給付関係）

(1)　採用している退職給付制度の概要

　当社および連結子会社は，従業員の退職給付に充てるため，確定拠出制度を採
用しております。

> 採用している制度について
> 簡潔に記載します

(2)　確定拠出制度

　当社および連結子会社の確定拠出制度への要拠出額は，前連結会計年度×××
百万円，当連結会計年度×××百万円であります。

> 費用として認識した要拠出
> 額を記載します

ここ注意！

　確定拠出制度への要拠出額は，未拠出のため未払計上している金額も含めて費用
処理額を記載します。

Q5-11 積立型と非積立型

Q 積立型制度と非積立型制度の違いを教えてください。

A それぞれの制度で異なるのは，年金資産を積み立てているか否かです。退職給付債務の計算は同様となります。

解説

非積立型制度とは，その名のとおり，年金資産を積み立てていないという意味です。これまでの章で，退職給付に係る負債および退職給付引当金は，計算された退職給付債務から積み立てている年金資産を控除した金額と説明してきました。参考に，貸借対照表におけるイメージをもう一度見てみましょう。

このように，退職給付債務から年金資産を控除した残りが退職給付に係る負債および退職給付引当金となっています（すでに説明したとおり，個別財務諸表上は，未認識項目は費用処理年数に応じて会計処理されます）。

一方，非積立型制度の場合は，図表5-14のようなイメージとなります。

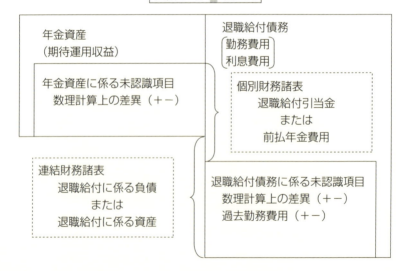

図表5-13　積立型

年金資産，および年金資産から発生する未認識項目がないことを除けば，積立型制度と同様です。

図表5-14　非積立型

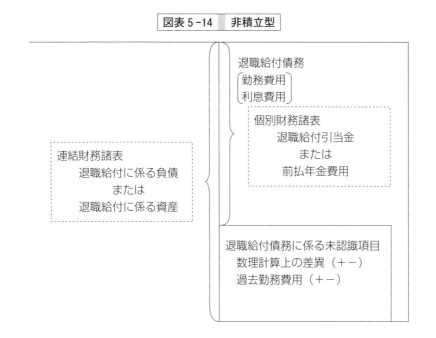

1．会計処理の違い

非積立型制度の場合，年金資産の積立てがないことに起因して，期中の年金掛金の拠出仕訳および期待運用収益から発生する数理計算上の差異に関する仕訳が不要となります。

2．表示・注記の違い

制度のすべてまたは一部が非積立型制度である場合は，退職給付関係注記に含まれる「退職給付債務及び年金資産と貸借対照表に計上された退職給付に係る負債及び資産の調整表」（原則法は退職給付会計基準30(5)，簡便法は退職給付適用指針62(4)）の中で，積立型制度と非積立型制度の内訳を記載する必要があります。

なお，原則法と簡便法のいずれも，ほぼ同じ内容の注記となりますので，原

168

則法の注記例で説明します。

図表5-15　開示例

（退職給付関係）
1．採用している退職給付制度の概要
〜省略〜

2．確定給付制度
〜省略〜

退職給付債務及び年金資産と貸借対照表に計上された退職給付に係る資産及び負債の調整表

積立型制度の退職給付債務	30,000
年金資産	△15,000
	15,000
非積立型制度の退職給付債務	5,000
連結貸借対照表に計上された負債と資産の純額	20,000
退職給付に係る負債	30,000
退職給付に係る資産	△10,000
連結貸借対照表に計上された負債と資産の純額	20,000

積立型制度の退職給付に係る負債と資産の合計と，非積立型制度の退職給付に係る負債を分けて開示します

〜省略〜

このように積立型制度，非積立型制度の内訳を開示することで，企業が利用している退職給付制度のうち，積立型制度における積立比率を把握することが可能となります。

第6章

退職給付会計に関する税務を理解する

Point
- 退職給付引当金は税務上認められていないため，すべて一時差異になります。

Q6-1　退職給付会計に関する税務上の取扱い①　退職給付費用

Q 退職給付費用は損金算入できますか。

A 通常，退職給付費用は損金算入できません。退職金の実際支給時および年金掛金の拠出時に損金算入されます。

解説

1．退職給付費用の税務調整

退職給付引当金は税務上の引当金ではありません。そのため，退職給付引当金を計上するための退職給付費用は，税務上の損金になりません。退職一時金の実際支給時および年金掛金拠出時に税務上の損金となります。

退職給付費用は退職給付引当金の増加要因の１つですが，この増加の際には税務上の損金にはならず，退職給付引当金の減少要因である退職一時金の支給や年金掛金の拠出の際に税務上の損金となります。

税務調整を行う場合は，退職給付費用を全額加算します。また，費用処理されない退職一時金の支給や年金掛金の拠出について全額減算します。

なお，退職一時金規程の枠外で臨時に支給される加算金や割増金などは，支給時に退職給付費用として処理されるので，税務上の損金と会計上の費用が一致することになり税務調整は不要となります。

2．税務申告書例

退職給付費用100を計上し，退職一時金80を支給した場合の税務申告調整例を示します。

会計上の仕訳は以下のようになります。

| （借） | 退職給付費用 | 100 | （貸） | 退職給付引当金 | 100 |
| | 退職給付引当金 | 80 | | 現金預金 | 80 |

この際，退職給付費用は全額加算し，一時金の支給は全額減算することになり，別表四，別表五(一)は図表6-1，6-2のようになります。

第6章　退職給付会計に関する税務を理解する　　*171*

結果として，会計上の退職給付引当金の残高と税務上の留保額とが一致することになります。

図表6-1　別表四

加算	100
減算	80

図表6-2　別表五（一）

	期首	当期中の増減		翌期首
		減少	増加	
退職給付引当金	0	80	100	20

Q6-2　退職給付会計に関する税務上の取扱い②　退職一時金の支給と年金掛金の拠出

Q	退職一時金の支給や年金掛金の拠出は損金算入されますか。
A	退職一時金は実際支給時に，年金掛金は拠出時に損金算入されます。

解　説

1．退職一時金の実際支給時および年金掛金の拠出時の税務調整

　Q6-1でも解説したとおり，退職給付引当金は税務上の負債ではないため退職給付費用は税務上の損金になりませんが，退職一時金の実際支給時および年金掛金拠出時に税務上の損金となります。

2．税務申告書例

　前期末の退職給付引当金の残高が120で，当期に年金掛金90を拠出した場合の税務申告調整例を示します。

　会計上の仕訳は次のようになります。

```
(借) 退職給付引当金        90 (貸) 現 金 預 金        90
```

　年金掛金の拠出は全額減算することになり，別表四，別表五（一）は図表 6 - 3,
6 - 4 のようになります。

　結果として，会計上の退職給付引当金の残高は30となり，税務上の留保額も
同額の30となります。

図表 6 - 3　別表四

加算	0
減算	90

図表 6 - 4　別表五（一）

	期首	当期中の増減		翌期首
		減少	増加	
退職給付引当金	120	90	0	30

Q6-3　退職給付会計に関する税務上の取扱い③　退職給付信託

Q	退職給付信託を設定した場合の税務上の取扱いについて説明してください。
A	退職給付信託設定損益は，税務上の損金・益金にはなりません。その他，留意点があります。

解 説

1．退職給付信託の税務調整

(1)　退職給付信託設定損益

　退職給付信託に拠出した資産は，税務上，委託者である事業主が自ら保有し
ているものとみなすため，退職給付信託設定損益は税務上の損金・益金にはな
りません。

第6章　退職給付会計に関する税務を理解する　*173*

(2)　退職給付信託資産からの退職給付

　退職給付信託から退職者に給付がなされたときには，当該支給は会計上の費用とはなりませんが税務上は損金となります。

(3)　退職給付信託の年金資産の運用

　退職給付信託の年金資産が外部に売却された場合の売却損益等は，税務上の損金・益金となりますが，会計上の損益は発生しません。

　退職給付信託の年金資産から稼得された利息収入等の実際運用収益は税務上は事業主の益金となりますが，会計上の利益にはなりません。

　退職給付信託の年金資産に係る期待運用収益および年金資産に係る数理計算上の差異の費用処理額は，税務上の損金・益金にはなりません。

(4)　現物株式の直接拠出

　退職給付信託と異なり（信託方式），株式を直接企業年金に拠出することも可能です（直接拠出方式）。

　直接拠出方式の場合は，株式が年金基金等に譲渡されることになり，会計上は時価による譲渡損益が発生しますが，税務上は時価相当額が掛金として損金算入されることになります。会計上，譲渡益が生じる場合，税務上も同額の譲渡益が益金算入されるため，譲渡益相当だけ掛金の損金算入額は減少することになります。

2．税務申告書例

(1)　退職給付信託設定益

　退職給付信託を設定するため，簿価90（時価130）の有価証券を拠出した場合の税務申告調整例を示します。前期末の退職給付引当金残高は200です。

　会計上の仕訳は以下のようになります。会計上は，退職給付信託設定益40が計上されます。

（借）　退職給付引当金	130	（貸）　有　価　証　券	90
		退職給付信託設定益	40

この退職給付信託設定益40は，税務上の益金にはならないため，図表6-5のように減算調整することになります。

図表6-5　別表四

加算	
減算	
退職給付信託設定益	40

別表五(一)においては，図表6-6のように，①退職給付信託資産（税務上の簿価），②退職給付信託資産（△引当金），③退職給付引当金（＋引当金）という3つの項目で整理します。

① 退職給付信託資産（税務上の簿価）は，まさに税務上の簿価を示す欄であり，設定益40が減算処理されるため，もとの有価証券の簿価90が期末残高となっています。

② 退職給付信託資産（△引当金）は，会計上処理されている退職給付信託であり，会計上の退職給付引当金と相殺される金額です。会計上は有価証券の時価130で相殺（退職給付引当金の減少）処理されているため△130という期末残高になっています。

③ 退職給付引当金（＋引当金）は，信託設定前における会計上の退職給付引当金であり，税務上の引当金ではないため留保されているものです。

結果として，②△130と③200の合計の70が，期末における会計上の退職給付引当金の残高となります。

第6章　退職給付会計に関する税務を理解する　*175*

図表6-6　　別表五(一)

		当期中の増減		翌期首
		減少	増加	
退職給付信託資産（税務上の簿価）	0	40	130	90
退職給付信託資産（△引当金）	0	130		△130
退職給付引当金（＋引当金）	200			200

⑵　退職給付信託資産からの退職給付

引き続いて，退職給付信託資産から退職金の支給20がなされた場合の税務申告調整です。

年金資産からの退職給付の支給のため，会計上の仕訳はなされません。

ただし，税務上は退職金の支給20は損金算入されるため税務申告の調整が必要になります。

図表6-7の別表四のように，純額で20が損金算入されることになります。

図表6-7　　別表四

加算	
退職給付引当金取崩	20
減算	
退職給付引当金取崩	20
退職金認容	20

別表五(一)においては，図表6-8のように，①退職給付信託資産（税務上の簿価），②退職給付信託資産（△引当金），③退職給付引当金（＋引当金）という3つの項目で整理します。

①　退職給付信託資産（税務上の簿価）は支給した20が減少しています。

②　退職給付信託資産（△引当金）は会計上相殺すべき信託資産も20減少しています。

③　退職給付引当金が支給した20が減少し，損金算入されることになります。

結果として，②△110と③180の合計の70が会計上の退職給付引当金の期末残高となります。

図表6-8　別表五（一）

| | | 当期中の増減 | | 翌期首 |
		減少	増加	
退職給付信託資産（税務上の簿価）	90	20		70
退職給付信託資産（△引当金）	△130		20	△110
退職給付引当金（＋引当金）	200	20		180

(3)　退職給付信託の年金資産の運用

さらに引き続いて，退職給付信託の資産の期待運用収益を20と見積り，退職給付費用のマイナスを計上し，実際の運用益が10であった場合の税務申告調整例です。

会計上の仕訳は以下のようになります。

（借）　退職給付引当金　　　　　　20　（貸）　退職給付費用　　　　　　20

なお，実際の運用益10については会計上仕訳はなされません。

しかし，退職給付信託の資産の実際運用益については税務上，益金算入されるため税務調整が必要になります。

図表6-9のように，実際の運用益10は加算し，期待運用収益（退職給付費用のマイナス）20は減算します。

図表6-9　別表四

加算	
年金資産実際運用益	10
減算	
期待運用収益	20

第6章　退職給付会計に関する税務を理解する　*177*

　別表五(一)においては，図表6-10のように，①退職給付信託資産（税務上の簿価），②退職給付信託資産（△引当金），③退職給付引当金（＋引当金）という3つの項目で整理します。

①　退職給付信託資産（税務上の簿価）は実際の運用益10増加しています。

②　退職給付信託資産（△引当金）は会計上相殺すべき信託資産は期待運用収益相当の20減少しています。

③　退職給付引当金（＋引当金）については何ら増減はありません。

　結果として，②△130と③180の合計の50が会計上の退職給付引当金の期末残高となります。

図表6-10　別表五(一)

		当期中の増減		翌期首
		減少	増加	
退職給付信託資産（税務上の簿価）	70		10	80
退職給付信託資産（△引当金）	△110	20		△130
退職給付引当金（＋引当金）	180			180

第7章

退職給付会計の内部統制

Point

- 退職給付会計に係る内部統制の構築にあたっては，退職給付債務計算を外部委託するケースおよび自社計算するケースとで，それぞれ留意すべき点があります。
- 外部委託するケースにおいては，外部専門家の評価や委託先からの内部統制報告書の入手や基礎データの整備などに留意する必要があります。
- 自社計算するケースにおいては，計算ソフトそのものの妥当性も含めて検証可能性について留意する必要があります。

Q7-1 退職給付会計に係る内部統制

Q	退職給付会計に係る内部統制報告制度について教えてください。
A	見積りの要素を多分に含む退職給付会計は，内部統制報告制度の評価範囲に含まれることが多いです。

解 説

平成18年6月に成立した金融商品取引法により，上場会社を対象に財務報告に係る内部統制の経営者による評価と公認会計士等による監査が義務付けられています。

財務報告に係る内部統制基準・実施基準において，重要な事業拠点における，企業の事業目的に大きく関わる勘定科目に至る業務プロセスは，原則として，すべてを評価の対象とするとされています。

それ以外にも財務報告への影響を勘案して，重要性の高い業務プロセスについては，個別に評価対象に追加することが求められています。

1．退職給付会計に係る内部統制報告制度の評価対象

退職給付会計に係る勘定科目は，一般的には企業の事業目的に大きく関わるとはいえないことが多いと考えられます。その場合であっても，見積りや経営者による予測を伴う重要な勘定科目に係る業務プロセスで，財務報告に及ぼす影響が最終的に大きくなる可能性があるものは，追加的に評価対象に含めることを検討することが必要です。

退職給付会計は，各従業員の将来の退職給付見込額，割引率や退職率等の計算基礎を見積る必要があるなど，算定過程において多分に見積りの要素が含まれ，各見積要素に誤りがあった場合の影響額も多額になる可能性が高いと考えられます。

このような点から，退職給付会計に係る業務プロセスを，内部統制報告制度の評価範囲とするか否かについては各社の実情を踏まえて慎重に判断することが求められます。

第7章　退職給付会計の内部統制　　*181*

2．退職給付会計に係る内部統制

　退職給付会計の計算においては，その複雑性から多様な専門性が求められるため，多くの会社では，信託銀行や生命保険会社等の外部の専門家を利用しています。

　退職給付債務（PBO）の算出では，退職給付見込額の算定や退職率・昇給率等計算基礎の設定にあたって外部の年金数理人に委託して算定している会社が多くみられます。一方で，計算ソフトを利用して自社で退職給付債務の算出を行っている会社もあります。

　年金資産の算出では，運用委託先から提出される決算日時点の時価情報を利用することが基本となります。

　以上より，Q7-2，Q7-3では，退職給付に係る内部統制として，以下3点に分けて解説することとします

---

① 退職給付債務（PBO）に係る内部統制―外部に委託する―（Q7-2の1）
② 退職給付債務（PBO）に係る内部統制―自社で計算する―（Q7-2の2）
③ 年金資産に係る内部統制（Q7-3）

Q7-2　退職給付債務に係る内部統制

Q	退職給付債務に係る内部統制のポイントについて教えてください。
A	使用するデータ等の信頼性を検証すること，外部から入手する計算結果の妥当性を検証することが必要です。

解説

　退職給付債務（PBO）は，退職により見込まれる退職給付の総額（退職給付見込額）のうち，期末までに発生していると認められる額を割り引いて計算します。

　退職給付見込額の算定にあたっては，会社の退職給付規程，人事規程の正確

な理解，人事データのうち退職給付会計で必要な情報の取捨などが必要となります。また，割引計算においては，退職給付の支払見込日までの期間に基づく割引率を用いるため，その算定にあたって一定の専門知識が必要です。そのため，会社は退職給付債務を算出するにあたり専門知識を有する外部専門家へ業務の一部を委託することがあります。

一方で，退職給付債務の算出を外部に委託せず，自社で行っている会社もあります。

1．外部専門家を利用する

退職給付債務の算出にあたっては，多くの会社が信託銀行や生命保険会社等の外部の受託会社へ委託していると思われます。その場合にも，すべてを外部の受託会社へ委託するわけではなく，一部業務は会社が実施することが通常です。また，外部の受託会社へ委託した部分も，年金数理人等の専門家が関与する部分と専門家が関与しない部分があります。

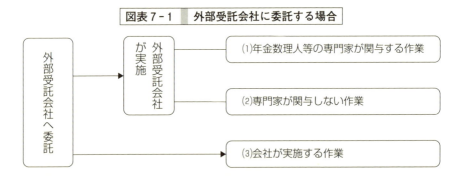

図表7-1　外部受託会社に委託する場合

(1) 年金数理人等の専門家が関与する作業

会社が，退職給付債務の計算を専門家に依頼している場合は，「専門家の利用」にあたり，年金数理人の専門家としての能力・客観性の検討，実施方法や仮定の理解，基礎データの検証ならびに入手した結果のレビューが必要です。委託元である会社として，具体的に以下のような点に留意が必要です。

第7章 退職給付会計の内部統制 *183*

① **専門家としての能力とその業務の客観性を検討**
- 適切な専門家団体に所属する専門家である旨の証明または当該団体への会員登録
- 依頼した作業分野での専門家としての経験および評判
- 業務の客観性が損なわれるリスクの程度の評価（専門家と会社の利害関係の有無）

② **専門家の採用した方法，仮定の理解**
- 専門家の業務の目的，範囲，方法の理解
- 使用された割引率等や退職率等の計算基礎の妥当性の検討（使用されている計算基礎を理解し，経営環境や他の情報と照らして異常でないかを社内のしかるべき立場の者がレビューする）

③ **専門家の利用した基礎データの検証**
- 使用した基礎資料の適切性
- 計算のもととなる関係データの網羅性，正確性の検討（対象従業員数，基準給与総額，平均勤務年数等の確認）

④ **専門家の結論のレビュー**
上記①〜③の内容に留意し，専門家の結論に対してしかるべき立場の者がレビューして承認します。

⑵ **専門家が関与しない作業**
退職給付債務計算を受託会社に委託している場合で，年金数理人が直接関与していない業務は「委託業務」にあたり，例えば退職給付債務の計算に使用される加入員基礎データの管理などが該当します。これらの業務に対して，以下のような方法により信頼性を検証することが必要です。

① **サンプリングによる検証**
例えば，年金数理人が利用した基礎データの網羅性を検証するにあたって，

計算対象とした総人数や計算に利用したデータと社内人事情報における対象総人数の一致を確認することが考えられます。また，計算に使用した基本給等の基礎データの正確性を検証するため，各基礎データおよび社内人事情報からサンプルを抽出して検証することが考えられます。

② 受託会社から報告書を入手する

委託先である受託会社から委託業務に関連する内部統制の評価結果が記載された報告書を入手して，会社の判断により委託業務の評価の代替手段とすることで信頼性を検証する方法が考えられます。この際，当該報告書が十分な証拠を提供しているかどうかを検討するうえで，以下のような点に留意が必要です。

(i) 受託会社の情報の入手
- 業務委託契約の内容および受託会社に与える指示や求める報告の程度
- 受託会社の業務提供能力および財務的安定性
- ユーザマニュアル，業務処理マニュアル等に記載されている受託会社の業務の内容
- 委託業務に係る受託会社の全般統制および業務処理統制
- 受託会社監査人の内部統制に関する報告書（利用可能な場合）
- 受託会社の受託業務に関する内部監査報告書（利用可能な場合）等

(ii) 対象となる内部統制の運用状況の検討のための手続の実施時期と経営者による評価時点（期末日）との関係についての検討

経営者による内部統制評価は期末日を評価時点として行う一方で，委託業務の内部統制に係る評価報告書の基準日（期間）は必ずしも期末日とは限りません。報告書の基準日が期末日より前の日付である場合には，経営者は受託会社の内部統制の変更の有無を確認し，変更があった場合にはその影響を検討する必要があります。

(iii) 内部統制の運用状況の検討のための手続の結果および内部統制の運用上の有効性に関する受託会社の見解の確認

(3) 会社が実施する作業

外部の受託会社に計算を委託していたとしても，提出する従業員データや計

算基礎算定の前提となる人事情報等の作成を誤ることがないような内部統制の構築が必要です。

① 年金数理計算のための提出用人事データの作成および検証
- 外部の受託会社へ提出する従業員データや給与情報等の内容や基準日が，受託会社から要請されているものと合致しているか

② 割引率や退職率等の計算基礎の決定および検証
- 会社の定めた割引率や長期期待運用収益率等の各計算基礎を設定するためのルールが，退職給付会計基準等に合致しているか
- 設定した計算基礎が適切に反映されて算出されているか

③ データ基準日から貸借対照表日までの補正計算
- 補正計算で使用する人員データが社内人事情報と合致しているか

④ 入手した計算結果に基づいて退職給付引当金残高を社内で算出するための体制

２．自社で計算する

　退職給付債務を市販ソフトや自社開発ソフトを使用して計算している場合には，外部へ委託している場合と異なり，退職給付債務計算を行うことを業務とする年金数理人が関与しないことがほとんどであり，相対的に計算を誤るリスクが高いといえます。そのため，以下のような点に留意して内部統制を構築することが必要となります。

- 市販ソフトや自社開発ソフトの妥当性の検証
- 会社の退職金制度の基礎的条件が適切に年金数理計算に反映されていることの検証
- 個別データが退職金規程や年金規程に照らして正しいことの検証
- 割引率・退職率等の計算基礎の設定が正しいことの検証

Q7-3 年金資産に係る内部統制

Q	年金資産に係る内部統制のポイントについて教えてください。
A	年金資産の運用委託先の内部統制が脆弱な場合，時価情報の信頼性が失われるリスクがあります。

解説

　年金資産とは，企業年金制度に基づき退職給付に充てるために積み立てられている資産をいいます。また，特定の退職給付制度のために，退職給付の支払のためにのみ使用されることが制度的に担保される一定の要件を満たした特定の資産も，年金資産とみなされます。年金資産は期末における時価（公正な評価額）により計算します。

　退職給付会計基準では，年金資産を時価（公正な評価額）により測定することが求められています。

　年金資産の運用の受託者である生命保険会社，信託銀行，投資顧問会社等は企業から拠出された年金資産となる資金を金融商品により運用していることが通常であり，時価の測定は金融商品会計基準に沿って行われることになります。そのため，年金資産の時価の妥当性を検証する体制の構築が必要です。

1．受託会社から入手した年金資産運用報告書および年金資産残高報告書の検討

　委託先である受託会社から送付されてくる年金資産の運用報告書や残高報告書についてその内容を確認し，委託している業務内容に合致したものかを検討します。ただし，年金資産の運用を外部に委託している場合には，通常，委託元である会社自らが時価の妥当性を検証することは困難です。

　さらに，上場株式や債券などの流通性が高く評価が容易に可能な資産ではなく，ハイリターンの可能性はあるものの，運用リスクが高く，流動性が低く，客観的な時価評価が容易でない高リスクの資産で運用している場合には，それらの資産の評価について受託会社が責任を負っていないこともあります。

第7章　退職給付会計の内部統制　　*187*

　そのため，受託会社から，受託会社監査人が受託会社に対して発行する保証報告書を入手し，内容を確認することが考えられます。

２．受託会社から内部統制レポートを入手

　多くの受託会社は年金資産の管理，運用について受託した業務に関して，独立監査人による保証を受けています。そのため，この保証報告書（内部統制レポート）を入手し，受託会社の内部統制を理解し，時価評価が適切な内部統制下で行われ，信頼に足るかどうかを検証します。

　具体的には，受託会社の内部統制レポートが対象会計年度に対応したものであることを確かめたり，年金資産の実際の運用商品・対象や再委託業務に関する内部統制が記載されていることを確かめます。もし記載されていない運用商品・対象や再委託業務がある場合には，それらの内部統制について必要な情報を受託会社に求めることが必要となることも考えられます。

　これ以外にも，企業年金については，運用基本方針の策定，運用委託機関の選任を行うという企業年金自身の業務に係る内部統制も重要となります。

参考　退職給付債務等の計算の考え方

　退職給付債務は，退職給付見込額のうち，期末までに発生していると認められる額を割り引いて計算するとされています。

　退職給付見込額は，予想退職時期ごとに合理的に見込まれる変動要因（予想昇給，再評価率等）を考慮して，従業員に支給される退職給付額を見積り，それに退職率および死亡率を加味して計算します。退職事由（自己都合退職，会社都合退職等）や支給方法（一時金，年金）により給付率が異なる場合には，退職事由および支給方法の発生確率を加味して，給付率の違いを織り込みます。

　退職給付見込額を勤務期間の各期へ期間帰属する方法として期間定額基準，または，給付算定式基準のいずれかの方法を選択適用して計算することとされています。また，いったん採用した方法は，原則として継続して適用しなければならないとされています。以下では，期間定額基準と給付算定式基準に分けて説明します。

1. 期間定額基準

期間定額基準は，退職給付見込額について全勤務期間で除した額を各期の発生額とする方法とされています。したがって，期末までに発生したと認められる額は，予想退職時期ごとに退職給付見込額を全勤務期間で除して，期末までの勤務期間を乗じることにより算出されます。

退職給付債務は，予想退職時期ごとの期末までに発生したと認められる額を期末から退職給付見込時期までの間で割り引き，それらを合計することにより，算出されます。

これを式で表すと以下のようになります。

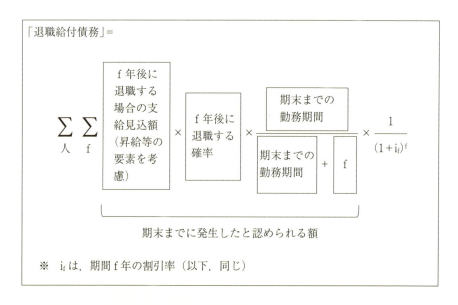

勤務費用は，退職給付見込額を全勤務期間で除した額を割り引き，それらを合計することにより算出されます。

これを式で表すと以下のようになります。

参考　退職給付債務等の計算の考え方　191

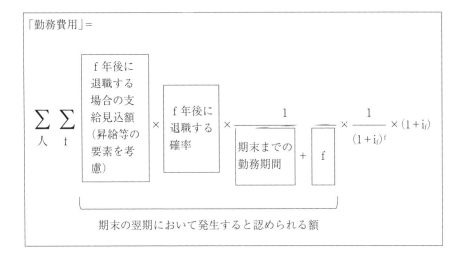

　繰り返しになりますが，期間定額基準は，退職給付見込額について全勤務期間で除した額を各期の発生額とする方法とされています。

　全勤務期間について，退職給付会計基準および適用指針には，定義や説明はありませんが，数理実務ガイダンスでは，入社から退職見込時期までの期間を表すものと考えられるほか，退職給付の計算基礎として用いられる期間を指していると考えられるとされています。後者の場合，例えば，以下のような期間は全勤務期間に含まれないと考えられます。

① 給付額の計算の基礎として用いられない試用期間がある場合における，当該試用期間中の勤務期間
② 制度加入までの待期期間があり，待期期間が給付額の計算の基礎として用いられない場合における，当該待期期間中の勤務期間
③ 制度発足前の勤務期間が，給付額の計算の基礎として用いられない場合における，当該制度発足前の勤務期間
④ 特定の年齢以上の勤務期間が給付額の計算の基礎として用いられない場合における，当該特定の年齢以上の勤務期間
⑤ 将来期間分の全部を確定拠出年金へ移行したことなどのために，特定の日以降の勤務期間が給付額の計算の基礎として用いられない場合における，当該特定の日以降の勤務期間

　①②については，他には，例えば，ポイントの付与が勤続3年から開始され

るような場合の勤続3年までの期間や，年金制度への加入が25歳と定められていて，給付額の計算に25歳前の勤務期間が算入されないような場合の25歳に達する前の期間などが考えられます。

④については，他には，例えば，旧定年に達した以降の勤務期間について，支給率が伸びない場合やポイントが付与されない場合の旧定年に達した以降の期間，あるいは，一定の勤務期間を過ぎると支給率の伸びが止まる場合の一定の勤務期間以降の期間などが考えられます。

このように，給付額の計算の基礎として用いられない期間がある場合には，全勤務期間をどのように取り扱うかについて十分に検討し，合理的な判断に基づいた期間帰属を行うべきです。

次に，期間定額基準の退職給付債務の計算を，簡単な退職金を例にして示します。

設例1

前提条件

退職金の額の計算方法，計算対象者，計算基礎を以下のとおりとする。

- 退職金の額の計算方法

  退職金の額＝退職時の給与×支給率
- 支給率は図表1のとおり

図表1　支給率

勤務年数	支給率
0年以上10年未満	0
10年以上20年未満	10
20年以上30年未満	40
30年以上	50

参考　退職給付債務等の計算の考え方　　193

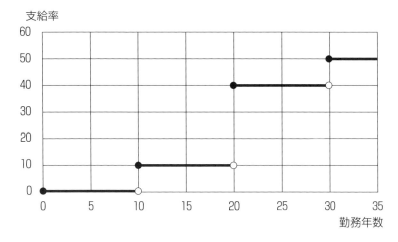

- 計算対象者

    期末の年齢：55.5歳，勤務年数：27.0年

    期末の給与：20万円

    定年年齢：60歳

- 計算基礎

    割引率：1％

    退職：退職確率(※)は56歳から59歳の各年齢で3％とする。

    　　　退職は，期央に発生するものとする。

    　　　死亡による退職は発生しないものとする。

    昇給：給与の予想昇給率は年2％とする。

    （※）　退職確率について

    　退職確率は，ある年齢の人が，定年までの各年齢において退職する確率をいい，退職率や死亡率を用いて算出する。退職（死亡）率は，ある年齢の者が，その年齢において退職（死亡）する確率をいう。

194

期間定額基準による退職給付債務の計算

図表2　期間定額基準の退職給付債務の計算例

① 予想退職時の年齢	② 予想退職時の勤務年数	③ 給与の予想額	④ 予想退職時の支給率	⑤ 退職給付の予想額	⑥ 退職確率	⑦ 退職給付見込額	⑧ 期末までの勤務期間	⑨ 全勤務期間	⑩ 期末までに発生したと認められる額	⑪ 期末から退職時までの年数	⑫ 割引係数	⑬ ⑩を割り引いた額
(55.5)	(27.0)	(20.0)	–	–	–	–		–	–	–	–	–
56.0	27.5	20.2	40	808.0	3 %	24.2		27.5	23.8	0.5	0.9950	23.7
57.0	28.5	20.6	40	824.2	3 %	24.7	27	28.5	23.4	1.5	0.9852	23.1
58.0	29.5	21.0	40	840.6	3 %	25.2		29.5	23.1	2.5	0.9754	22.5
59.0	30.5	21.4	50	1071.8	3 %	32.2		30.0	28.9	3.5	0.9658	27.9
60.0	31.5	21.9	50	1093.3	88%	962.1		30.0	865.9	4.5	0.9562	827.9

⑭　退職給付債務	925.2

各項目の算出方法は，以下のとおりです。

⑤　退職給付の予想額＝③給与の予想額×④予想退職時の支給率

⑦　退職給付見込額＝⑤退職給付の予想額×⑥退職確率

⑩　期末までに発生したと認められる額＝⑦退職給付見込額
　　　　　　　　　　　　　　　　　　×⑧期末までの勤務期間
　　　　　　　　　　　　　　　　　　÷⑨全勤務期間

参考　退職給付債務等の計算の考え方　　*195*

　支給率が30年で頭打ちとなっているため，⑧期末までの勤務期間および⑨全勤務期間は30年を上限とします。

⑫　割引係数＝１÷（１＋割引率）^{⑪期末から退職時までの年数}

⑬　⑩を割り引いた額＝⑩期末までに発生したと認められる額×⑫割引係数

⑭　退職給付債務＝予想退職時期ごとの⑬の合計

2．給付算定式基準

　給付算定式基準は，退職給付制度の給付算定式に従って各勤務期間に帰属させた給付に基づき見積った額を，退職給付見込額の各期の発生額とする方法とされています。

　勤務期間の後期における給付算定式に従った給付が，初期よりも著しく高い水準となるときには，当該期間の給付が均等に生じるとみなして補正した給付算定式に従わなければならないとされています。

　給付算定式基準を適用する場合，給付算定式に基づく退職給付の支払が将来の一定期間までの勤務を条件としているときであっても，当期までの期間に対応する債務を認識するために当該給付を各期に期間帰属させます。

　この場合には，従業員が当該給付の支払に必要となる将来の勤務を提供しない可能性を退職給付債務および勤務費用の計算に反映しなければならないとされています。

　給付算定式基準による退職給付債務の計算式は，以下のようになります。

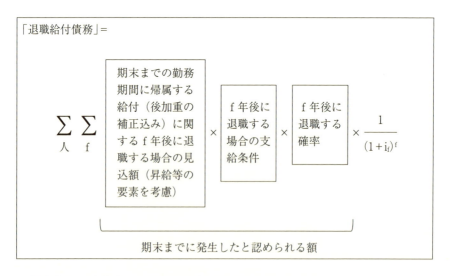

　勤務費用の計算式は，以下のようになります。

参考 退職給付債務等の計算の考え方

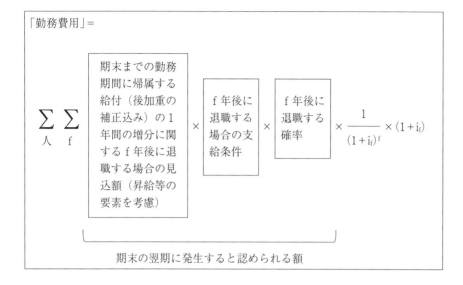

次に，後加重の場合の均等補正について，**設例1**を用いて示します。

入社時の年齢によって，以下の4つに分けて述べます。

(1) **入社時の年齢が30歳未満の者**

この者は定年退職時の勤務期間が30年以上に当たるため，均等補正は図表3の矢印のようになります。この場合，入社から勤続20年までの各期に毎年2を帰属させ，勤続20年から30年までの各期に1を帰属させます。勤続30年から定年退職までの各期に帰属する給付はありません。

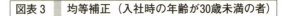

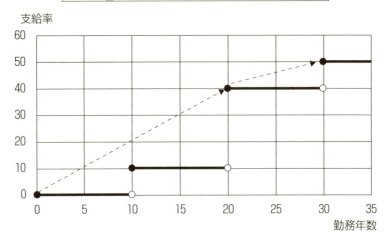

(2) 入社時の年齢が30歳以上40歳未満の者

　この者は定年退職時の勤務期間が20年以上30年未満に当たるため，均等補正は図表4の矢印のようになります。この場合，入社から勤続20年までの各期に2を帰属させます。勤続20年から定年退職までの各期に帰属する給付はありません。

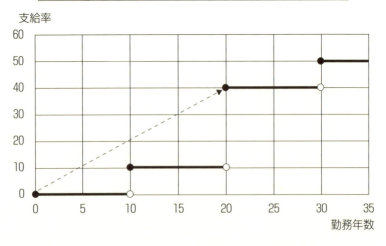

(3) 入社時の年齢が40歳以上50歳未満の者

この者は，定年退職時の勤務期間が10年以上20年未満に当たるため，均等補正は図表5の矢印のようになります。入社から勤続10年までの各期に1を帰属させます。勤続10年から定年退職までの各期に帰属する給付はありません。

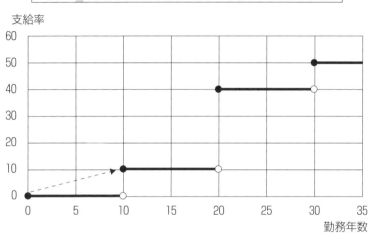

図表5　均等補正（入社時の年齢が40歳以上50歳未満の者）

(4) 入社時の年齢が50歳以上の者

この者は，定年退職時の勤務期間が10年未満に当たるため，退職金の支払見込額はゼロです。したがって，入社から定年退職までの各期に帰属する給付はありません。

これらを表にすると，図表6のようになります。

図表6 ┃ 均等補正

勤務年数	入社時の年齢							
	(1)30歳未満		(2)30歳以上 40歳未満		(3)40歳以上 50歳未満		(4)50歳以上	
	①	②	①	②	①	②	①	②
0	—	—	—	—	—	—	—	—
1	2	2	2	2	1	1	0	0
2	2	4	2	4	1	2	0	0
⋮	2	⋮	2	⋮	1	⋮	0	⋮
9	2	18	2	18	1	9	0	0
10	2	20	2	20	1	10	0	0
11	2	22	2	22	0	10	—	—
12	2	24	2	24	0	10	—	—
⋮	2	⋮	2	⋮	0	10	—	—
19	2	38	2	38	0	10	—	—
20	2	40	2	40	0	10	—	—
21	1	41	0	40	—	—	—	—
22	1	42	0	40	—	—	—	—
⋮	1	⋮	0	40	—	—	—	—
27	1	47	0	40	—	—	—	—
⋮	1	⋮	0	40	—	—	—	—
29	1	49	0	40	—	—	—	—
30	1	50	0	40	—	—	—	—
31	0	50	—	—	—	—	—	—
⋮	0	50	—	—	—	—	—	—
39	0	50	—	—	—	—	—	—
40	0	50	—	—	—	—	—	—

参考　退職給付債務等の計算の考え方　　*201*

①は当期に帰属する給付，②は当期末までに帰属する給付を表しています。

次に，給付算定式基準の退職給付債務の計算を，**設例1**を用いて，図表7に示します。

（給付算定式基準の退職給付債務の計算）

図表7　給付算定式基準の退職給付債務の計算例

① 予想退職時の年齢	② 予想退職時の勤務年数	③ 給与の予想額	④ 期末までに期間帰属された給付の支給率	⑤ 予想退職時の支給率	⑥ ④に支給条件を反映した支給率	⑦ 退職確率	⑧ 給付に関する支払見込額	⑨ 期末から退職時までの年数	⑩ 割引係数	⑪ ⑧を割り引いた額
(55.5)	(27.0)	(20.0)		—	—	—	—	—	—	—
56.0	27.5	20.2		40	40	3 %	24.2	0.5	0.9950	24.1
57.0	28.5	20.6		40	40	3 %	24.7	1.5	0.9852	24.4
58.0	29.5	21.0	47	40	40	3 %	25.2	2.5	0.9754	24.6
59.0	30.5	21.4		50	47	3 %	30.2	3.5	0.9658	29.2
60.0	31.5	21.9		50	47	88%	904.3	4.5	0.9562	864.7

⑫　退職給付債務	967.0

各項目の算出方法は，以下のとおりです。

④期末までに期間帰属された給付の支給率は，図表6の勤務年数27年の「(1)
30歳未満②」の欄の値になります。

⑥　④に支給条件を反映した支給率

勤続30年未満で退職する場合は，⑤予想退職時の支給率が，④期末までに期
間帰属された給付の支給率を下回るため，⑤予想退職時の支給率を適用します。

⑧　期末までに発生したと認められる給付に関する支払見込額
　＝③給与の予想額×⑥×⑦退職確率

⑩　割引係数 = 1 ÷ (1 ＋割引率)[⑨期末から退職時までの年数]

⑪　⑧を割り引いた額
　＝⑧期末までに発生したと認められる給付に関する支払見込額×⑩割引係数

⑫　退職給付債務＝予想退職時期ごとの⑪の合計

参考に，連続的な給付について説明します。

図表8は，給付が階段状になっており不連続です。この場合，均等補正は，
矢印の直線になります。図表8の不連続なところに図表9のように階段を増や
していくと，図表10のとおり給付が連続的な状態に至ります。いずれの場合に
も均等補正は同様です。

なお，図表10についても給付は月や年を単位として規定されていますから，
細かく見ると不連続な階段状になっています。

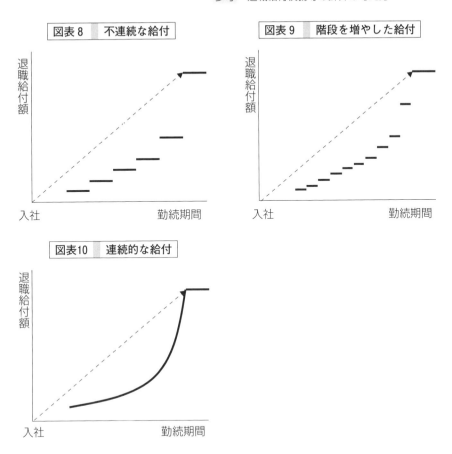

　給付算定式に従う給付の後加重性が著しいかどうかの判定については，退職給付適用指針第75項に，「国際的な会計基準では，給付算定式に従う給付が著しく後加重といえるのはどのような場合であるかなどについては具体的に定めていない。審議の過程では，これらについて，より具体的な考え方を本適用指針の中で示すべきかが検討されたものの，そのような考え方を特定することにより，かえって国際的な会計基準との整合性が図れないおそれがあると考えられたことから，これを示さないこととした。このため，給付算定式に従う給付が著しい後加重であるかどうかの判断にあたっては，個々の事情を踏まえて検討を行う必要がある」と記載されています。

このため，後加重の均等補正を省略するのは，IFRSと同等の基準に基づいて後加重の重要性がないと判断される場合に限られます。したがって，重要性の大小にかかわらず均等補正することに問題はないと考えられます。

ポイント制やキャッシュ・バランス・プランのような，給与やポイントを累積する退職給付制度において，給付算定式基準を適用する方法として，退職給付適用指針第76項に，以下の(A)と(B)の方法が紹介されています。

(A)　経済的に同一な平均給与比例制度として扱う
(B)　将来の昇給の要素を織り込まない

以下は，退職給付適用指針第76項の抜粋です。

　国際的な議論の中では，給与等の累積に基づく退職給付制度（我が国のポイント制度やキャッシュ・バランス・プランを含む場合があるものと考えられる。）に対して給付算定式基準を適用する場合，その適用方法が必ずしも明確でないとされており，このような制度と経済的に同一な平均給与比例制度に対して，給付算定式基準を適用した場合と同様の方法になるという意見がある一方で，このような制度では将来の昇給の要素を織り込むべきではない（結果的にポイント基準と類似した方法になる。）という意見がある。

(B)の方法については，退職給付適用指針第76項に，給付算定式基準を適用する際に，著しい後加重による均等補正が必要になる場合を除き，(B)の方法も含まれると考えることが適当である旨が記載されています。したがって，(B)を用いるのは，後加重の重要性がないと判断される場合に限られます。そのため，重要性の大小にかかわらず(A)を用いることに問題はないと考えられます。

(A)と(B)について，以下のような誤解が一部にあるようです。
- (A)の方法は期間定額基準の計算結果と常に同じになる
- (B)の方法は平成24年改正前のポイント基準の計算結果と常に同じになる

しかし，これらはそれぞれ考え方が異なるものであり，計算結果は必ずしも常に同じになるわけではありません。

参考　退職給付債務等の計算の考え方　　*205*

　(A)の方法については，数理実務ガイダンスには，「例えば，ポイントの累積が一定の年齢や一定の勤務期間で停止するような場合には，当該停止するまでの平均ポイントに当該停止するまでの勤務期間を乗じたものに基づく制度として給付算定式基準を適用する。」と記載されています。すなわち，給与等を累積する制度を経済的に同一な平均給与比例制度と見立てて(A)の方法を用いるにあたっては，給与等の累積の平均を計算する期間の始点と終点について十分な検討が必要と考えられます。

　例えば，ポイントの累積が旧定年で停止する制度が考えられます。その場合は，平均の終点を旧定年に到達した時点とするべきです。

　また，例えば，改定前の給与比例の退職金額をポイントに換算し，それを，改定後のポイント制退職金の初期ポイントとするような退職金制度の改定が考えられます。その場合は，改定前と改定後の制度に同一性が認められ，それらを一体として取り扱うことが妥当かどうかということが検討の要点になると考えられます。一体として取り扱うことが妥当と判断される場合には，改定時点の退職金額を改定前の各期のポイントの累積とみなし，改定前と改定後の期間とを区別せず，入社から退職までの期間に平均ポイントを適用させることが考えられます。そうでない場合には，改定前と改定後の期間に切り分けて，平均の始点を改定時として改定後の期間に平均ポイントを適用させることが考えられます。

　日本における実際の退職給付制度は，非常に多様であり，上で述べたような典型的なもの以外にもさまざまなものがあります。例えば，制度改定前の退職金と改定後の退職金を比較して高いほうを支給するもの，すでに支払った一定額や確定拠出年金の想定積立額を退職金から控除して支給するものなどがあります。このような場合に，どのように期間帰属するかについては会計基準等に個別に明示的な記載はないため，会計基準の背景にある原則的な考え方をとらえたうえで個別に合理的な判断をする必要があります。そのためには，会計基準等が参考にしたとされる国際会計基準や米国会計基準の理解も有用と考えられます。

巻末付録

1. IFRSとの差異一覧
2. Keyword

1 IFRSとの差異一覧

1．対象となる基準

日本基準
「退職給付に関する会計基準」（企業会計基準第26号） 「退職給付に関する会計基準の適用指針」（企業会計基準適用指針第25号）
IFRS
IAS 第19号「従業員給付」 IFRIC 第14号「確定給付制度からの返還の利用可能性」

2．主要な差異

	日本基準	IFRS
確定給付制度 －確定給付制度債務の期間配分方法	（退職給付会計基準19，退職給付適用指針11から13） 　以下のいずれかの方法の選択適用。 ・期間定額基準 ・給付算定式基準（なお，勤務期間の後期における給付算定式に従った給付が，初期よりも著しく高い水準になるときには，当該期間の給付が均等に生じるとみなして補正した給付算定式に従う）	（IAS19.67, 70） 　給付算定式方式。 　ただし，後期の年度における従業員の勤務が，初期の年度より著しく高い水準の給付を生じさせるような場合には，昇給の影響を除き，従業員の勤務がそれ以上の重要な給付を発生させなくなる日まで定額法で按分する。
確定給付制度 －資産計上など	（退職給付会計基準13） 　年金資産の額が退職給付債務を超える場合には，資産として計上する（なお，個別財務諸表については別個の定めがある（基準39(1)）。	（IAS19.8, 64） 　確定給付制度において積立超過がある場合，確定給付資産の純額として認識しうる額は，当該積立超過の額またはアセット・シーリングのいずれか低い金額に制限される。

巻末付録① IFRSとの差異一覧　　*209*

	日本基準	IFRS
確定給付制度 －割引率	（退職給付会計基準20，注6，退職給付適用指針24） 　安全性の高い債券の利回りを基礎として決定する（検討にあたり順序はない）。 　割引率の基礎とする安全性の高い債券の利回りには，期末における国債，政府機関債および優良社債の利回りが含まれる。	（IAS19.83） 　以下の順序で検討する。 　割引率は，退職後給付債務と同一通貨で同様の期日を有する優良社債の報告期間の末日現在の市場利回りを参照して決定する。 　そのような社債について厚みのある市場が存在しない通貨では，報告期間の末日現在における当該通貨建の国債の市場利回りを使用しなければならない。
確定給付制度 －期待運用収益，利息費用	（退職給付会計基準23，退職給付適用指針21，25） 　期待運用収益は，期首の年金資産の額（期中に年金資産の重要な変動があった場合には，これを反映させる）に合理的に期待される収益率（長期期待運用収益率）を乗じて計算する。 　利息費用は，期首の退職給付債務に割引率を乗じて計算する。	（IAS19.123） 　期待運用収益という概念はない。 　上記で算定された割引率を確定給付制度負債（資産）の純額に乗ずることで，確定給付制度負債（資産）の純額に係る利息純額を算定する。
確定給付制度 －過去勤務費用	（退職給付会計基準15，25，注9，10，退職給付適用指針33，41から43） 　過去勤務費用は，原則として発生年度に費用処理または各期の発生額について平均残存勤務期間以内の一定の年数で按分した額を毎期費用処理する。また，当期に発生した未認識過去勤務費用は税効果を調整のうえ，その他の包括利益を通じて純資産の部に計上する。 　その他の包括利益累計額に計上されている未認識過去勤務費用のうち，当期に費用処理された部分について，その他の包括利益の調整（組替調整）を行う。	（IAS19.103） 　制度改訂または縮小の発生時と，会社が関連するリストラ費用や解雇給付を認識した時のいずれか早い時期に過去勤務費用を損益として認識する。

	日本基準	IFRS
	退職金規程等の改訂が頻繁に発生する場合の過去勤務費用については，未認識過去勤務費用の残高の一定割合を費用処理する方法によることができる。なお，数理計算上の差異については当期発生額を翌期から費用処理する方法は許容されているが，過去勤務費用について許容する規定はない。 　退職従業員に係る過去勤務費用は，他の過去勤務費用と区分して発生時に全額を費用処理することが可能。 　過去勤務費用と数理計算上の差異の費用処理年数は別個に設定することが可能。	
確定給付制度－数理計算上の差異	（退職給付会計基準15，24，注7，退職給付適用指針33から40，43） 　数理計算上の差異は，原則として各期の発生額について，発生年度に費用処理または平均残存勤務期間以内の一定の年数で按分した額を毎期費用処理する。また，当期に発生した未認識数理計算上の差異は税効果を調整のうえ，その他の包括利益を通じて純資産の部に計上する。 　その他の包括利益累計額に計上されている未認識数理計算上の差異のうち，当期に費用処理された部分について，その他の包括利益の調整（組替調整）を行う。 　数理計算上の差異については，未認識数理計算上の差異の残高の一定割合を費用処理する方法によることができる。また，当期の発	（IAS19.8, 63, 122） 　確定給付制度負債（または資産）の純額を財政状態計算書に認識しなければならない（そのため，数理計算上の差異の遅延認識は認められない）。 　その他の包括利益に計上された数理計算上の差異の純損益への振替は認められない。

巻末付録① IFRSとの差異一覧　　*211*

	日本基準	IFRS
	生額を翌期から費用処理する方法を用いることもできる。 　過去勤務費用と数理計算上の差異の費用処理年数は別個に設定することが可能である。	
確定給付制度 －確定給付制度費用	（退職給付会計基準14, 15, 28, 注2） 　以下の項目の当期に係る額は，退職給付費用として，当期純利益を構成する項目に含めて計上する。 ・勤務費用 ・利息費用 ・期待運用収益 ・数理計算上の差異に係る当期の費用処理額 ・過去勤務費用に係る当期の費用処理額 　退職給付費用は，原則として売上原価または販売費及び一般管理費に計上される。 　なお，その他の包括利益に含めて計上される未認識数理計算上の差異および未認識過去勤務費用については上記を参照のこと。	（IAS19.120） 　確定給付制度費用に関して，勤務費用および確定給付制度負債（資産）の純額に関する利息純額は純損益に，また再測定項目はその他の包括利益に認識する。 　ただし，他の基準書が資産の原価に含めることを求めている，または許容している場合は除く。
最低積立要件	該当する基準はない。	（IFRIC14.5, 20, 24） 　退職後確定給付制度またはその他の長期性の確定給付制度に対して積立てを行う要求を最低積立要件といい，将来掛金の減額として利用できる経済的便益を制限する場合がある。 　さらに，最低積立要件が負債を生じさせる可能性もある。
確定給付制度 －簡便法	（退職給付会計基準26，退職給付適用指針47から51） 　小規模企業等については簡便法が容認されている。	（IAS19.60） 　見積り，平均および簡便計算により，信頼しうる近似値を求められるケースもあるとされている。

	日本基準	IFRS
退職後給付以外の従業員給付	該当する基準はない。	(IAS19.2, 4, 7) IAS第19号は, IFRS第2号「株式報酬」の対象となるものを除くすべてのタイプの従業員給付に適用されるため, 退職後給付以外の従業員給付も適用対象である。 取締役および他の役職者に対する給付も従業員給付に含まれる。
未払有給休暇	該当する基準はない。	(IAS19.13から18) 累積型については, 将来の有給休暇に対する権利を増加させる勤務を従業員が提供したときに, 有給休暇に係る予想コストを認識することが求められる。 非累積型については, 休暇取得時に認識する。

2 Keyword

あ

IFRS

　国際財務報告基準（International Financial Reporting Standards）のことで，国際会計基準審議会（IASB）およびIASBの前身である国際会計基準委員会（IASC）により設定された会計基準（IAS および IFRS）およびIFRS解釈指針委員会（IFRIC）およびIFRICの前身である解釈指針委員会（SIC）により発表された解釈指針（SICsおよびIFRICs）の総称。

IASB

　国際会計基準審議会（International Accounting Standards Board）のこと。IASBはIFRSについての設定主体となる。

IAS

　国際会計基準（International Accounting Standards）のこと。IASBの前身であるIASCが公表した会計基準。

IASC

　国際会計基準委員会（International Accounting Standards Committee）のこと。IASBの前身の会計基準設定主体であり，現在は存在しない。

IFRIC

　国際財務報告解釈指針委員会（International Financial Reporting Interpretations Committee）のことで，現在の解釈指針の案を作成する。なお，IFRICの前身はSIC（Standing Interpretations Committee：解釈指針委員会）であり，現在は存在しない。

アクチュアリー（actuary）

　数理，統計，確率の知識および手法を用いて年金数理業務や保険数理業務を行う専門家。日本では，一般的に，公益社団法人日本アクチュアリー会の正会員，または，公益社団法人日本年金数理人会の正会員をアクチュアリーと呼ぶ。退職給付債務に関する専門家としては，この分野の専門性を持つアクチュアリーを指すことが一般的である。

安全性の高い長期の債券

　安全性の高い長期の債券とは，例えば，長期の国債，政府機関債および複数の格付機関による直近の格付けがダブルA格相当以上を得ている優良社債等をいう。退職給付債務の計算における割引率は，安全性の高い長期の債券の利回りを基礎として決定しなければならないとされている。

か

確定給付企業年金法

　確定給付型の企業年金について定めた法律で，平成14年4月1日から施行されている。母体企業から独立した法人格を持つ基金を設立し，基金が年金資金を管理・運用して年金を給付する「基金型企業年金」と，労使が合意した年金規約に基づいて事業主が年金制度を運営する「規約型企業年金」の2種類があり，受給権保護のため，年金資産の積立て，管理・運営にかかわる基準，財務状況などの情報開示の基準などが定められている。

確定給付制度

　確定拠出制度以外の退職給付制度で，退職一時金や確定給付年金がある。退職一時金は，退職金規程等に基づいてあらかじめ定められた算定方式により退職金額が決定される制度である。企業は，内部留保にて原資を確保する必要がある。確定給付年金は加入した期間や給付水準等に基づいてあらかじめ定められた算定方式により年金給付額が決定される制度である。企業は資産運用と掛金によって原資を確保する必要がある。

　会計上は，確定給付制度について退職給付債務を認識する必要がある。

確定拠出制度

　一定の掛金を外部に積み立て，事業主である企業が，当該掛金以外に退職給付に係る追加的な拠出義務を負わない退職給付制度をいう。

　確定拠出年金は，拠出した掛金額とその運用収益によって給付額が決定される年金である。企業は確定した掛金の払込みと投資教育など加入者への運用支援をする義務を負うが，運用リスクは加入者が負う。掛金の金額はあらかじめ定義したものから変動する必要がないため，退職給付債務の会計上の認識は不要となる。

確定拠出年金法

　確定拠出型の年金について定めた法律で，平成13年10月1日から施行されている。事業主が実施主体となって事業主が掛金を拠出する「企業型」と，国民年金基金連合会が形式的な実施主体となり，加入者が掛金を拠出する「個人型」の2種類が定められている。

過去勤務費用

　退職給付会計における用語であり，退職給付水準の改訂等に起因して発生した退職給付債務の増加または減少部分をいう。これは，退職金規程の改訂等（初めて退職金制度を導入した場合も含む）に伴って，退職給付水準が変更された結果発生する，改訂時点における改訂前の退職給付債務と改訂後の退職給付債務との差額を意味する。

簡便法

日本の退職給付会計基準において，小規模企業等に認められている簡便的な計算方法で，期末自己都合要支給額や年金財政計算上の数理債務の金額，またはその金額に比較指数や係数を乗じた金額を退職給付債務とする。従業員数が比較的少ない小規模企業では，合理的に数理計算上の見積りを行うことが困難である場合や退職給付の重要性が乏しい場合が考えられるために，このような簡便的な処理が認められている。

期間定額基準

退職給付見込額について全勤務期間で除した額を各期の発生額とする方法。期末までに発生したと認められる額は，予想退職時期ごとに退職給付見込額を全勤務期間で除して，期末までの勤務期間を乗じることにより算出される。

企業年金基金

確定給付企業年金法における基金型の企業年金において，母体企業から独立して設立される年金制度を運営するための法人。

企業年金制度

会社がその従業員を対象に実施する年金制度。外部に積み立てた資産を原資として年金給付を行う形態の制度が一般的である。日本における代表的なものとして確定給付企業年金がある。

期待運用収益

企業年金制度における年金資産の運用により生じると期待される収益で，退職給付費用の計算において勤務費用や利息費用から控除される項目。年金資産は，将来の退職給付の支払に充てるために積み立てられているものであり，資産運用により生じる収益は将来の掛金の削減と捉えて，退職給付費用の計算から控除される。期待運用収益は期首の年金資産の公正な評価額に長期期待運用収益率を乗じて計算する。

期末要支給額

期末現在において全従業員が退職すると仮定した場合に，会社の退職金規程等に基づいて計算した，全従業員に対する退職金の支給総額をいう。一般的に，自己都合退職か，会社都合退職かにより，退職金規程等に基づいて計算される退職金の額は異なるため，それぞれ自己都合期末要支給額，会社都合期末要支給額と呼ばれる。

キャッシュ・バランス・プラン

従業員ごとに仮想的な個人口座を設定し，各人別に定めた仮想的な拠出額をこの口座に累積し，これに一定の再評価率に基づく仮想的な利息を付与した合計額を基に給付額を規定する退職給付制度。確定給付制度と確定拠出制度の両方の特徴を有する制度といわれる。

給付算定式基準

退職給付制度の給付算定式に従って各勤務期間に帰属させた給付に基づき見積った額を，退職給付見込額の各期の発生額とする方法。なお，勤務期間の後期における給付算定式に従った給付が，初期よりも著しく高い水準となるときには，当該期間の給付が均等に生じるとみなして補正した給付算定式に従わなければならない。

勤務費用

一期間の労働の対価として発生したと認められる退職給付をいい，各期へ費用配分される。勤務費用は，将来の退職給付見込額のうち，当期に発生したと認められる額を，支給までの期間に基づく割引計算によって測定される。

グルーピング

退職給付債務等は，原則として個々の従業員ごとに計算することになっている。ただし，計算の簡略化のために，従業員を年齢，勤続年数，残存勤務期間および職系（人事コース）等によってグルーピングし，当該グループの標準的な数値を用いて退職給付債務等を計算することも合理的な計算方法として認められている。なお，合理的であると認められるには，個々の従業員ごとに計算した場合と比較して，退職給付債務額等に重要な差異がないことが必要となる。

計算基礎

退職給付債務や退職給付費用を算定する際に，予測のために用いる数値。これには，昇給率，退職率，死亡率，割引率が含まれる。さらに，年金資産の期待運用収益を計算するための長期期待運用収益率が必要になるが，これも計算基礎と呼ぶ場合がある。

原則法

退職給付会計基準に則った原則的な計算方法と会計処理のことをいう。日本の退職給付会計基準では，小規模企業等の場合には，簡便法の採用が認められており，簡便的に計算した退職給付債務を用いて，退職給付引当金および退職給付費用を計上することができる。これに対して，簡便法を採用せず，退職給付会計基準等で規定されている一般的な方法によって，将来の退職給付の見込額のうち，認識時点までに発生していると認められる額を割り引いて計算した退職給付債務を用いて，退職給付引当金および退職給付費用を計上する方法を原則法という。

公正な評価額

資産取引に関し十分な知識と情報を有する売手と買手が自発的に相対取引するときの価格によって資産を評価した額をいう。年金資産は，期末において退職給付の支払のために有効に使用することができる額で評価されるべきであるため，期末における公正な評価額（＝時価）により計算することとされている。したがって，例えば，確定給付企業年金における数理的評価額は，公正な評価額には該当しない。

厚生年金

　国が加入を義務付けている公的年金制度の1つ。公的年金制度には，日本に住むすべての人が加入する国民年金と，企業で働く人が加入する厚生年金，公務員や学校教職員が加入する共済年金とがある。厚生年金保険に加入している場合には，国民年金から老齢基礎年金（定額部分）を受け取り，厚生年金保険から老齢厚生年金（報酬比例部分）を上乗せして受け取ることになっている。

さ

財政計算

　年金制度を設立する場合や制度内容を変更する場合に，一定の予測に基づいて将来の給付と負担の見通しを立て，年金財政上必要な掛金を算定することをいう。年金財政計算と呼ばれることもある。

財政検証

　日本の企業年金に関する法令において，年金制度の毎事業年度の決算に，積立金および給付債務の推計等に照らし，年金制度の財政運営の健全性を検証することをいう。財政決算と呼ばれることもある。

財政再計算

　一定期間ごとに計算基礎率を見直し，年金財政における掛金の洗替を行うことをいう。年金制度は長期にわたる制度であり，社会経済状況の変化によって，予測値と実績とが乖離することがある。確定給付企業年金では，年金財政の健全性の維持を図るために，少なくとも5年に一度，加入員・受給者の構成割合や経済情勢の変化，給付と負担の将来見通しを見直すために，財政再計算が行われる。

財政方式

　年金制度において，年金給付を賄うために必要な財源として掛金をどのように調達して，年金の給付を行っていくかという資金の調達計画の方式をいう。財政方式を大きく分けると，積立方式と賦課方式の2つになる。

最低責任準備金

　厚生年金基金が代行部分について確保することを義務付けられている積立金。代行返上や基金の解散を行った場合は，代行部分を支給する義務とともに，最低責任準備金を国に返還する必要がある。

死亡率

　従業員の在職中および退職後における年齢ごとの死亡発生率のこと。退職給付債務の計算上，在職中の従業員については死亡により退職する可能性を，退職後の従業員については死亡により年金受給資格がなくなる可能性を考慮する必要がある。そのために，死亡率は退職給付債務の計算に必要な計算基礎の1つとなる。死亡率は，事業所の所在国における全人口の生命統計表等をもとに合理的に算定する。

従業員拠出

企業年金制度を採用している場合に，その年金資産の積立てのために会社が資金を拠出するだけでなく，従業員からの拠出もある場合がある。このような従業員拠出がある場合，従業員拠出部分も含めて，全体として退職給付債務および退職給付費用の計算を行い，この計算された退職給付費用から従業員拠出額を控除した金額が，会社が認識すべき退職給付費用となる。

小規模企業等

日本の退職給付会計基準において，簡便法を適用できる小規模企業とは，原則として従業員数300人未満の企業をいう。ただし，従業員数が300人以上の企業であっても年齢や勤続年数に偏りがあるなどの理由で原則法による計算の結果に一定の高い水準の信頼性が得られないと判断される場合には簡便法によることができる。ただし，このように判断される場合はほとんどないと考えられる。

この場合の従業員数とは退職給付債務の計算対象となる従業員数を意味しており，複数の退職給付制度を有する事業主にあっては制度ごとに判定することとなる。

数理計算

年金数理や保険数理に基づいて行う保険料等の財政に関する計算のことをいう。年金の場合には，年金制度を実施する集団について脱退率，死亡率，昇給率，予定利率等の計算基礎を算定し，これをもとにして計算するが，長期間における保険集団の収支相当が必要になるために，その内容は複雑なものとなる。

数理計算上の差異

退職給付債務や退職給付費用を算定する際には，昇給率や退職率，長期期待運用収益率等の計算基礎の見積りが必要になる。数理計算上の差異には，これらの計算基礎による見積りと各事業年度における実際の数値との差異と，計算基礎を変更した場合に生じる差異がある。

数理債務

財政計算における数理債務とは，将来発生すると見込まれる給付額の割引現在価値である給付現価から，将来見込まれる標準掛金収入の割引現在価値である標準掛金収入現価を控除した金額をいう。退職給付会計の簡便法を用いる場合に，数理債務を退職給付債務とすることができる。

責任準備金

年金制度では，財政上，年金給付を支払うために必要な資金額が，一般に責任準備金と呼ばれる。責任準備金は，年金制度によって定義が異なる。

た

退職一時金制度

　会社が採用する退職給付制度のうち，会社が退職給付の原資について外部積立てを行わず，企業内部に留保した資金で，従業員が定年や自己都合で退職する際に，退職金規程等に基づき一時金として支払う制度をいう。

退職給付

　従業員が一定の期間にわたり労働を提供したことなどの事由に基づいて，退職以後に従業員に対して支給される給付。退職給付の典型的なものとしては，退職時に支払われる退職一時金や退職後に年金として支払われる企業年金がある。

退職給付会計に関する数理実務基準・退職給付会計に関する数理実務ガイダンス

　退職給付会計に関する数理実務基準は，企業会計基準委員会から公表されている退職給付会計基準および退職給付適用指針に沿って，企業等からの依頼により退職給付会計に関する債務および費用の計算，助言，ならびに，それらに関する業務を行う場合に，公益社団法人日本年金数理人会の会員，または，公益社団法人日本アクチュアリー会の会員が遵守すべきものである。また，退職給付会計に関する数理実務ガイダンスは，公益社団法人日本年金数理人会の会員，または，公益社団法人日本アクチュアリー会の会員が，そのような業務を行うにあたって理解していることを求められている教育的資料である。

退職給付債務

　従業員が在職中の一定の期間にわたり労働を提供したこと等の理由に基づいて，退職以後に従業員に支給される給付（退職給付）の総額のうち，認識時点までに発生していると認められる額を予想される支給時から現在までの期間に基づき割引計算されたもの。

退職給付信託

　日本の退職給付会計基準における用語であり，退職給付信託とは，退職一時金制度および退職年金制度における退職給付債務の積立不足額を積み立て，将来の退職給付に充てるために他益信託として設定した信託をいう。適用指針では，退職給付信託について一定の要件が定められている。

退職給付制度間の移行

　退職給付制度間の移行には，確定給付型の退職給付制度から他の確定給付型の退職給付制度への移行や，確定給付型の退職給付制度から確定拠出型の退職給付制度への移行等がある。移行の形態としては，将来勤務に係る部分から移行する場合や，過去勤務に係る部分も含めて移行する場合等が考えられる。

退職給付制度の終了

　退職金規程の廃止，確定給付企業年金基金の解散のように退職給付制度が廃止さ

れる場合や，退職給付制度間の移行または制度の改訂により退職給付債務がその減少分相当額の支払等を伴って減少する場合（一部終了を含む）をいう。

退職給付に係る資産

　年金資産が退職給付債務の額を超過する場合に連結貸借対照表に計上される会計上の資産。

退職給付に係る負債

　退職給付債務から年金資産を控除した額で，連結貸借対照表に計上される会計上の負債。

退職給付に関する会計基準

　日本の会計制度を国際会計基準に近づけるために，過去において会計ビッグバンと呼ばれた会計基準の大きな変更が行われた。退職給付に関する会計基準は，この一環として，年金資産や退職給付債務の現状を明らかにするとともに，企業の負担する退職給付費用について適正な会計処理を行い，国際的にも通用する会計処理およびディスクロージャーを整備するため企業会計審議会より公表されたものである（最終改正は平成28年12月16日）。

退職給付に関する会計基準の適用指針

　退職給付会計基準を適用する際の指針を定めるものとして公表されている。退職給付会計基準では，退職給付会計の会計処理等に関する基本的な事項については定められているが，詳細な部分についてまでは定められておらず，適用指針はこれを実務に適用する際の具体的指針となる。

退職給付引当金

　退職給付債務から年金資産および未認識項目を控除した額で，個別貸借対照表に計上される会計上の負債。

退職給付費用

　退職給付に係る当期の負担に属する会計上の費用。勤務費用，利息費用，過去勤務費用の費用処理額，数理計算上の差異の費用処理額および期待運用収益で構成される。さらに，臨時に支給される退職給付であらかじめ予測できないものや確定拠出制度における掛金は，支払時の退職給付費用として処理する。

退職給与引当金

　退職給付会計基準（平成10年）適用以前の退職給付に関する引当金をいう。その計算方法としては，退職一時金制度については，自己都合要支給額を計上する方法，従来の税法基準に従い自己都合要支給額の40％を計上する方法，会社都合要支給額を計上する方法など，実務上，さまざまな方法が採用されていた。また，企業年金制度については，掛金を支払時に費用処理し，引当金は計上しない方法が多く採用されていた。

退職率

在籍する従業員が自己都合や定年等により生存退職する年齢ごとの発生率のことをいう。会社の実態によっては，年齢ごとではなく勤続年数ごとの発生率が用いられる場合もある。在籍する従業員が今後どのような割合で退職していくかを推計するために使用するものであり，退職給付債務の計算に用いる計算基礎の1つ。将来の予測を適正に行うために，リストラに伴う大量解雇や退職加算金を上乗せした退職の勧誘による大量退職等の異常値を除いた過去の実績に基づき，合理的に算定する必要がある。原則として個別企業ごとに算定することとされているが，事業主が連合型厚生年金基金制度等において勤務環境が類似する企業集団に属する場合には，その集団の退職率を用いることもできる。

大量退職

工場の閉鎖や営業の停止等により，従業員が予定より早期に退職する場合であって，退職給付制度を構成する相当数の従業員が一時に退職した結果，相当程度の退職給付債務が減少し，制度の一部終了として会計処理が必要となるような場合をいう。大量退職に該当するかどうかの判断を一律に示すことは困難であるが，退職給付適用指針では，構成従業員が退職することにより概ね半年以内に30％程度の退職給付債務が減少する場合には，大量退職に該当すると示している。

他益信託

委託者自身が受益者となるような信託を自益信託といい，委託者以外の第三者が受益者となるような信託を他益信託という。退職給付信託とするためには，信託財産を退職給付に充てることに限定した他益信託であることが必要であり，信託財産からの収益（配当）を事業主に帰属させるような自益信託は認められない。

遅延認識

日本の退職給付会計基準では，過去勤務費用および数理計算上の差異について，必ずしも発生年度に全額を費用処理せずに，平均残存勤務期間内の一定年数にわたって規則的に費用計上していくことが認められている。このように，発生した退職給付債務や年金資産の一部を，会計上即時に損益計算書において費用処理せず，一定の期間内において毎期規則的に費用処理することを，遅延認識という。

中小企業退職金共済制度

中小企業退職金共済法に基づいた制度で，独立行政法人勤労者退職金共済機構が事業主体となっている。中小企業向けの制度であり，加入できる企業には従業員数や資本金に上限がある。毎月の掛金の金額は，あらかじめ設定された16段階の金額の中から自由に選択できる。給付金額は，掛金月額，加入期間および運用実績に基づいて決まるため，中小企業退職金共済制度は確定拠出型の制度であるといえる。

長期期待運用収益率

各事業年度において，期首の年金資産額について合理的に期待される収益額の当

該年金資産額に対する比率。長期期待運用収益率は，保有している年金資産のポートフォリオ，過去の運用実績，運用方針および市場の動向等を考慮して算定する。

定額法

日本の退職給付会計基準において，過去勤務費用および数理計算上の差異の費用処理方法のうち，各年度の発生額について平均残存勤務期間内の一定の年数で按分して費用処理する方法をいう。

定率法

日本の退職給付会計基準において，過去勤務費用および数理計算上の差異の費用処理方法のうち，未認識過去勤務費用残高および未認識数理計算上の差異残高の一定割合を費用処理する方法をいう。定率法の場合には，過去勤務費用または数理計算上の差異を発生年度ごとに管理せず，各々の残高に一定年数に基づく定率を乗じた金額が当年度の費用処理額となるが，一定年数に基づく定率は，過去勤務費用および数理計算上の差異の費用処理期間内で，当該発生額の概ね90％が費用処理されるように決定する。

データ基準日

貸借対照表日における退職給付債務は，貸借対照表日現在のデータ（給与データ，人事データ等）および計算基礎を用いて計算することが原則である。しかし，データ等の収集や年金数理計算等にある程度の時間を要することを勘案して，貸借対照表日前の一定日のデータ等を利用して，期末時点の退職給付債務を計算することが認められている。データ基準日とは，この場合における貸借対照表日前の一定日をいう（ただし，この場合，期末までの合理的な補正が必要になる）。

な

年金資産

企業年金制度に基づき退職給付に充てるために積み立てられている資産をいう。確定給付企業年金制度において保有する資産は年金資産となる。また，特定の退職給付制度のために，退職給付の支払いのためにのみ使用されることが制度的に担保される一定の要件を満たした特定の資産も，年金資産とみなされる。

なお，日本の退職給付会計基準においては一時金に対して設定された退職給付信託についても年金資産と呼ぶことになり年金に限定しすぎていると考えられる。国際的には"Plan Asset"であり年金に限定するような名称にはなっていない。

年金数理人

日本の法令によって，財政検証や財政計算が適正に行われているかどうかを確認する年金数理の専門家のこと。

年金数理人になるためには，以下の4つの要件を充足し，厚生労働大臣の認定を受ける必要がある。

(1) 知識として，公益社団法人日本アクチュアリー会の試験の全科目合格または

公益社団法人日本年金数理人会の試験の全科目合格等

(2) 経験として，年金数理業務に5年以上従事した者であること

(3) 責任者たる経験として，年金数理業務の責任者として年金数理業務に2年以上従事した者であること

(4) 十分な社会的信用を有する者であること

は

PBO

米国の会計基準の用語である"Projected Benefit Obligation"の略であり，日本の会計基準における退職給付債務に概ね相当する。

比較指数

日本の退職給付会計基準における退職給付債務に関する簡便法の1つとして，比較指数を用いる方法がある。これは，退職一時金制度であれば，原則法で計算した退職給付債務と自己都合要支給額の比（比較指数），企業年金制度であれば，原則法で計算した退職給付債務と年金財政計算上の数理債務との比（比較指数）をあらかじめ求めておき，期末時点の自己都合要支給額または直近の年金財政計算上の数理債務に比較指数を乗じた金額を退職給付債務とする方法である。計算基礎に重要な変動がある場合に，比較指数を再計算することになる。

複数事業主制度

事業主が単独で企業年金制度を設立するのではなく，複数の事業主が共同して1つの企業年金制度を設立する場合をいう。日本では，連合設立型の確定給付企業年金，総合設立型の確定給付企業年金などが該当する。

平均残存勤務期間

在籍する従業員が貸借対照表日から退職するまでの平均勤務期間。その算定は，退職率と死亡率を加味した年金数理計算によることが原則である。算定の時期は原則として毎年度末であるが，従業員の退職状況に大きな変化がみられない場合は，直近時点で算定した平均残存勤務期間を用いることもできる。

ベースアップ

給与水準の引き上げのこと。通常，会社では，能力，年齢，勤続などあらかじめ定められた項目に従った昇給基準線や賃金表，給与テーブルなどと呼ばれる賃金給与決定の基準が定められている。これらの基準に従って基本給等を増額させることを定時昇給，基準金額そのものを修正改訂し，賃金給与水準を上昇させることをベースアップという。

ま

前払年金費用

　年金資産が企業年金制度に係る退職給付債務に未認識項目を加減した額を超過する場合に個別貸借対照表に計上される会計上の資産。

未認識過去勤務費用

　過去勤務費用のうち，まだ費用処理されていないものをいう。過去勤務費用については，原則として，各年度の発生額について発生年度に費用処理する方法または平均残存勤務期間以内の一定の年数で按分する方法（定額法）により費用処理され，必ずしも発生年度に全額が費用処理されるわけではないため，未認識部分が発生する場合がある。

未認識数理計算上の差異

　数理計算上の差異のうち，まだ費用処理されていないものをいう。数理計算上の差異については，原則として，各年度の発生額について発生年度に費用処理する方法または平均残存勤務期間以内の一定の年数で按分する方法（定額法）により費用処理され，必ずしも発生年度に全額が費用処理されるわけではないため，未認識部分が発生する場合がある。

や

役員退職慰労金

　取締役や監査役が退任する際に，一般的には，在任中の職務執行の対価（報酬の後払い）として支給されるもの。
　退職給付会計基準においては，株主総会の決議または指名委員会等設置会社における報酬委員会の決定が必要となる，取締役，会計参与，監査役および執行役の退職慰労金については退職給付会計基準の適用範囲に含めないこととされている。

予想昇給率

　在籍する従業員について，給与規程，平均給与の実態分布および過去の昇給実績（異常値を除く）等に基づいて，給与が将来どのように上昇していくかを合理的に推定し，それを昇給率という形で率にして表したもの。予想昇給率は個別企業ごとに算定することを原則とするが，連合型厚生年金基金制度等において給与規程および平均給与の実態等が類似する企業集団に属する場合には，当該集団の予想昇給率を用いることができる。

予定退職加算金

　年齢加算金，役職または資格に応じて加算される資格加算金などで，退職時に支給される退職給付額の計算において，一定の要件を満たした場合に加算される給付金については，年齢等の一定要件を満たすことが合理的に予測できる場合には，退職給付見込額の見積りに含めることになっている。予定退職加算金とは，この場合

における，退職給付見込額の見積りに含めた加算金をいう。

ら

リスク分担型企業年金

　企業がリスクへの対応分を含んだ固定の掛金を拠出することで一定のリスクを負い（その他のリスクは負わない），一方で財政バランスが崩れた場合には従業員への給付の調整を行うことで，企業と従業員が一定のリスクを分担する企業年金。

　代表的なリスクとして年金資産の運用リスクをすべて企業が負う確定給付企業年金と運用リスクを加入者である従業員が負う確定拠出年金の両方の性質をもつハイブリッド型の企業年金制度として導入された。

　なお，企業年金のリスクには，年金資産の運用リスクだけではなく，加入者である従業員の長寿リスクなどもある。企業年金のリスクについては総合的に判断する必要がある。

利息費用

　割引計算により算定された期首時点における退職給付債務について，期末までの時の経過により発生する計算上の利息をいい，期首退職給付債務に割引率を乗じて算定される。退職給付債務の計算にあたっては，退職時に支給が見込まれる退職給付を残存勤務期間に基づいて割り引いて計算しているため，時の経過により利息費用相当，退職給付債務は増加する。

わ

割引率

　将来価値から現在価値を算出するときに使う率。退職給付債務を算定する際に使用する計算基礎の1つで，将来の退職給付見込額を現在価値に換算する際の率である。利回りを5％であるとすると，現在の100万円は利子率5％で運用したら，来年は105万円になる。この計算を逆に行い，来年の105百万円を割引率5％で割り引くと，現在価値は100万円ということになる。

　退職給付債務の計算基礎としての割引率は，安全性の高い債券の利回りを基礎として決定する必要がある。また，割引率は，退職給付支払ごとの支払見込期間を反映するものでなければならず，その設定方法には，単一の加重平均割引率を使用する方法や，退職給付の支払見込期間ごとに設定された複数の割引率を使用する方法が含まれる。

【執筆者紹介】

唯根　欣三

公認会計士。第1事業部に所属。

主に，自動車業界，繊維業界，建設業界，小売業界，学校法人などの監査を担当し，IPO（株式上場）準備会社に対する監査・上場支援業務にも携わっている。

その他にデューデリジェンス業務，業務改善支援業務，不正対応業務等にも関与している。

共著に，『図解でざっくり会計シリーズ2　退職給付会計のしくみ（第2版）』（中央経済社）などがある。

小林　真利子

公認会計士。第1事業部に所属。

セメント・同2次製品の製造業・サービス業の監査業務，非監査業務，およびIPO（株式上場）準備会社に対する監査・上場支援業務に従事している。

一般財団法人会計教育研修機構の東京実務補習所運営委員，法人内部の研修講師として，後輩育成に携わっている。

中條　真宏

公認会計士。第5事業部に所属。

主に製造業，建設会社，社宅メーカー等の監査およびデューデリジェンス業務等に関与している。

森田　祥平

公認会計士。第3事業部所属。

主に製造業・サービス業・情報通信業の監査業務を担当し，IFRS関連業務・株式公開関連業務に関与している。

共著に，『図解でざっくり会計シリーズ2　退職給付会計のしくみ（第2版）』（中央経済社）がある。

村田　朗

公認会計士，中小企業診断士。第1事業部に所属。

紙関連製品の製造業を中心に，建設業，玩具卸売業，介護サービス業，衣料品小売業の監査業務・IPO（株式上場）準備会社に対する上場支援業務等に従事している。

また，法人内部の研修講師を務め，後輩育成にも従事している。

滑川　智美

公認会計士。第5事業部に所属。
不動産業の監査業務およびIPO（株式上場）準備会社に対する監査業務・上場支援業務等に関与している。

藤井　康行

年金数理人，公益社団法人日本アクチュアリー会正会員。品質管理本部に所属。
大手信託銀行から，2012年に当法人へ入所。年金数理関連の業務に従事。
公益社団法人日本年金数理人会理事，調査研究委員長，国際委員長＊，紀律委員長＊，退職給付会計基準委員長＊。
公益社団法人日本アクチュアリー会退職給付会計基準部会長＊。国際アクチュアリー会年金給付委員長＊，IAS19タスクフォース委員長＊，教育委員会委員。
IASB Employee Benefits Working Group member＊。ASBJ年金専門委員会委員＊。（＊元職）

日下部　健一

年金数理人，公益社団法人日本アクチュアリー会正会員。品質管理本部に所属。
大手生命保険会社，大手信託銀行を経て，2015年に当法人へ入所。年金数理関連の業務に従事。
公益社団法人日本年金数理人会退職給付会計基準委員会副委員長＊。
公益社団法人日本アクチュアリー会試験委員会委員＊。
ASBJ年金専門委員会委員＊。（＊元職）

杉田　智

年金数理人，公益社団法人日本アクチュアリー会正会員。品質管理本部に所属。
国内シンクタンクの年金コンサルティング部門から，2013年に当法人へ入所。年金数理関連の業務に従事。
公益社団法人日本年金数理人会退職給付会計基準委員会委員。
公益社団法人日本アクチュアリー会退職給付会計基準部会委員。

【編者紹介】

EY | Assurance | Tax | Transactions | Advisory

EY新日本有限責任監査法人について
EY新日本有限責任監査法人は，EYの日本におけるメンバーファームであり，監査および保証業務を中心に，アドバイザリーサービスなどを提供しています。詳しくは，www.shinnihon.or.jpをご覧ください。

EYについて
EYは，アシュアランス，税務，トランザクションおよびアドバイザリーなどの分野における世界的なリーダーです。私たちの深い洞察と高品質なサービスは，世界中の資本市場や経済活動に信頼をもたらします。私たちはさまざまなステークホルダーの期待に応えるチームを率いるリーダーを生み出していきます。そうすることで，構成員，クライアント，そして地域社会のために，より良い社会の構築に貢献します。

EYとは，アーンスト・アンド・ヤング・グローバル・リミテッドのグローバルネットワークであり，単体，もしくは複数のメンバーファームを指し，各メンバーファームは法的に独立した組織です。アーンスト・アンド・ヤング・グローバル・リミテッドは，英国の保証有限責任会社であり，顧客サービスは提供していません。詳しくは，ey.comをご覧ください。

本書は一般的な参考情報の提供のみを目的に作成されており，会計，税務およびその他の専門的なアドバイスを行うものではありません。EY新日本有限責任監査法人および他のEYメンバーファームは，皆様が本書を利用したことにより被ったいかなる損害についても，一切の責任を負いません。具体的なアドバイスが必要な場合は，個別に専門家にご相談ください。

現場の疑問に答える会計シリーズ・5

Q&A 退職給付の会計実務

2019年8月25日　第1版第1刷発行
2025年5月20日　第1版第6刷発行

編　者　EY新日本有限責任監査法人
発行者　山　本　　　継
発行所　㈱中央経済社
発売元　㈱中央経済グループ
　　　　パブリッシング

〒101-0051　東京都千代田区神田神保町1-35
電話　03 (3293) 3371 （編集代表）
　　　03 (3293) 3381 （営業代表）
https://www.chuokeizai.co.jp
印刷／昭和情報プロセス㈱
製本／㈲井上製本所

©2019 Ernst & Young ShinNihon LLC.
All Rights Reserved.
Printed in Japan

＊頁の「欠落」や「順序違い」などがありましたらお取り替えいたしますので発売元までご送付ください。（送料小社負担）

ISBN978-4-502-28061-0　C3334

JCOPY〈出版者著作権管理機構委託出版物〉本書を無断で複写複製（コピー）することは，著作権法上の例外を除き，禁じられています。本書をコピーされる場合は事前に出版者著作権管理機構（JCOPY）の許諾を受けてください。
JCOPY〈https://www.jcopy.or.jp　eメール：info@jcopy.or.jp〉

一目でわかるビジュアルガイド

図解でざっくり会計シリーズ　全9巻

新日本有限責任監査法人〔編〕　　　　　　　各巻1,900円＋税

本シリーズの特徴
- ■ シリーズキャラクター「ざっくり君」がやさしくナビゲート
- ■ コンセプトは「図とイラストで理解できる」
- ■ 原則，1テーマ見開き
- ■ 専門用語はできるだけ使わずに解説
- ■ 重要用語はKeywordとして解説
- ■「ちょっと難しい」プラスαな内容はOnemoreとして解説

1 税効果会計のしくみ

5つのステップでわかりやすく解説。連結納税制度や組織再編，資産除去債務など，税効果に関係する特殊論点についてもひと通り網羅。

2 退職給付会計のしくみ

特有の用語をまとめた用語集付き。改正退職給付会計基準もフォロー。

3 金融商品会計のしくみ

ますます複雑になる重要分野を「金融資産」，「金融負債」，「デリバティブ取引」に分けて解説。

4 減損会計のしくみ

減損会計の概念を携帯電話会社を例にしたケーススタディ方式でやさしく解説。

5 連結会計のしくみ

のれん・非支配株主持分・持分法などの用語アレルギーを感じさせないように，連結決算の基礎をやさしく解説。

6 キャッシュ・フロー計算書のしくみ

どこからお金が入り，何に使ったのか，「会社版お小遣い帳」ともいえる計算書のしくみを解説。

7 組織再編会計のしくみ

各章のはじめに組織再編の全体像を明示しながら解説。組織再編の類型や適用される会計基準，さらに各手法の比較まで言及。

8 リース会計のしくみ

リース取引のしくみや，資産計上するときの金額の算定方法等，わかりやすく解説。特有の用語集付。

9 決算書のしくみ

貸借対照表、損益計算書，CF計算書の構造から，決算書に表れる大小事件の読み方までわかりやすく解説。

■中央経済社■